Business-Coach trifft Philosophen

Siegfried J. Schmidt ·
Walter Schwertl

Business-Coach trifft Philosophen

Ein Dialog

Siegfried J. Schmidt
Münster, Deutschland

Walter Schwertl
Schwertl & Partner Beratergruppe
Offenbach, Deutschland

ISBN 978-3-658-22731-9   ISBN 978-3-658-22732-6   (eBook)
https://doi.org/10.1007/978-3-658-22732-6

Die Deutsche Nationalbibliothek verzeichnet diese Publikation in der Deutschen
Nationalbibliografie; detaillierte bibliografische Daten sind im Internet über http://
dnb.d-nb.de abrufbar.

Springer ist ein Imprint der eingetragenen Gesellschaft Springer Fachmedien
Wiesbaden GmbH und ist ein Teil von Springer Nature
Die Anschrift der Gesellschaft ist: Abraham-Lincoln-Str. 46, 65189 Wiesbaden,
Germany

Alles ist eine Frage der Sprache
Ingeborg Bachmann

Vorwort

Business-Coaching ist eine Dienstleistung, die in den letzten Jahren vermehrt nachgefragt worden ist. Im Unterschied zu anderen Dienstleistungen ist Business-Coaching aber sehr voraussetzungsreich und daher sehr risikoreich. Der Grund dafür liegt im zentralen Bereich von Business-Coaching sowohl beim Coach als auch beim Kunden: im Bereich der *Kommunikation*.

Das zentrale Problem besteht nun darin, dass jeder von uns irgendwie kommuniziert und daher auch zu wissen glaubt, wie Kommunikation abläuft, was Kommunikation ist. Und wenn er genauer wissen will, wie Kommunikation funktioniert, fragt er (vielleicht) Kommunikationswissenschaftler – und bekommt eine Fülle von Antworten, die sich zum Teil erheblich widersprechen.

Stellt sich die Frage, wie ein Gespräch über Kommunikation angelegt werden müsste, bei dem Coaches und Kommunikationswissenschaftler eine hinreichend gemeinsame Konzeption von Kommunikation, ihren Voraussetzungen und Konsequenzen erarbeiten könnten. Anregungen zu einem solchen Gespräch bietet der folgende Dialog, der sich mit folgenden Themenschwerpunkten beschäftigt:

- Business-Coaching: Skizze eines Praxisfeldes (Entstehung, Aufgaben, Probleme, Varianten), Vor- und Nachteile dieser Dienstleistung
- Kommunikation
- Theorie und Praxis. Erfolg und Scheitern von Coaching (Kriterien, Strategien, Modalitäten)

- Unternehmenskultur als Problemlösungsprogramm
- Moral – Ethik
- Emotionen
- Kontingenz

Business – Coaching manifestiert sich vor allem in der Hervorbringung von Dialogen. Daher haben die Autoren den Gesprächsstil auch in der Transkription der Gespräche beibehalten.

Vorgeschichte

Dieses Buch ist der Versuch eines Philosophen und eines Praktikers, sich über ihre Fachgrenzen hinaus zu verständigen und voneinander zu lernen. Kerngebiete der Philosophie sind bekanntlich Logik, Ethik und Metaphysik, sowie Erkenntnis- und Wissenschaftstheorie. Business-Coaching hingegen ist vor allem ein Praxisformat, in dem es darum geht, Probleme nicht nur zu beschreiben, sondern praktizierbare Lösungsszenarien anzubieten. Die Autoren, obwohl sie ihre Kerngebiete kaum gemeinsam gestalten können, versuchen immer wieder, die eigenen Setzungen wechselseitig zu überprüfen.

Über dieses Buch

Der Hochschulprofessor (Westfälische Wilhelms-Universität Münster) Siegfried J. Schmidt (SJS) wurde vor vielen Jahren von Walter Schwertl (WS) zu einem Seminar eingeladen. WS war als Ausbildungsleiter für Business-Coaches über den *Radikalen Konstruktivismus* und seine Prämissen gestolpert und wollte all dies von jenem Philosophen, Literaturwissenschaftler, Künstler und Kommunikationstheoretiker erklärt haben, der *Konstruktivismus–Schmidt* genannt wurde. Heute sind die Autoren Freunde.

Dieser Beitrag ist der Versuch, im Dialog zwischen einem sich sprachlich im Bereich der hohen Abstraktion bewegenden Kommunikationswissenschaftler und Philosophen, und einem Praktiker, der Widersprüche als theoretische Herausforderungen versteht, eine gemeinsame Sprache und gemeinsame Problemlösungen zu finden. Wenn SJS durch seine literarischen Experimente die Grenzen sprachlicher Möglichkeiten ausreizt, und wenn WS sich als Erzähler und Romancier versucht, mag dies im thematischen Rahmen von Literatur noch ansatzweise gut gelingen. Aber in einem fachlichen Dialog u. a. über die eingangs genannten Themen sind die Herausforderungen ungleich größer. Der Philosoph, geschult in solchen Diskursen, scheint dabei im Vorteil zu sein; aber der Praktiker kann immerhin Fragen aus der Praxis stellen, die für Theoretiker oft nicht leicht zu beantworten sind. Hier trifft der Praktiker auf einen Gelehrten, der Gelehrte auf einen Praktiker, und jeder steht auf einer anderen Seite der Kluft. Aber aller Kontingenz zum Trotz setzen beide auf Vertrauen als Voraussetzung gelingender Kommunikation.

Man könnte auch so formulieren: Der Praktiker als Beobachter erster Ordnung, der sich mit alltäglichen Konsequenzen unter-
nehmerischer Entscheidungen auseinandersetzen muss, und der
Geisteswissenschaftler als Beobachter zweiter Ordnung, also als
Beobachter von Beobachtern, skizzieren sich gegenseitig Denkan-
gebote, wie Coaching-Probleme beobachtet werden könnten und
welche Konsequenzen die Entscheidungen für Problemlösungen
jeweils haben würden. Der Philosoph legt z. B. sein Denken über
Moral dar, und der Praktiker würde zwar gerne in Anbetracht der
voranschreitenden Zerstörung von Vertrauen zu moralischen Fragen
schweigen, weiß aber, dass wir auf den Moraldiskurs nicht verzichten können.

Jede Skizzierung, wie man sich und seine Tätigkeit versteht und
vom Anderen verstanden wissen möchte, könnte mit einer Selbst-
beobachtung beginnen, an wen man welche Fragen stellt. Die latei-
nische Übersetzung *philosophia* heißt wörtlich: *Liebe zur Weisheit.*
Interventionstechnologien und der Behauptung, der Mensch sei
eine Maschine, *die Liebe zur Weisheit* energisch entgegen zu halten, wäre zwar eine große Herausforderung, vielleicht auch ein
lohnendes Ziel, wenn da nicht die Skepsis des Praktikers wäre. Der
Ruf allzu vieler Kollegen nach Werkzeugen für die Reparatur der
Maschine Mensch ist nicht überhörbar (Schwertl 2016). Kerngebiete der Philosophie sind bekanntlich Logik, Ethik, Metaphysik,
sowie Erkenntnis- und Wissenschaftstheorie. Business-Coaching
hingegen ist vor allem ein Praxisformat. Wir können daher die
genannten Kerngebiete kaum gemeinsam gestalten, aber wir könnten daraus schöpfen und daran orientiert die eigenen Setzungen
immer wieder überprüfen. Eine reflektierte Theorie -geleitete Praxis (siehe Glossar) könnte sich daran weiter entwickeln und damit
der *Endgültigkeit der Vorläufigkeit* Genüge tun (Schmidt 2016).

Inhaltsverzeichnis

Über die Autoren

 **Univ.-Professorem Dr. Dr. h.c. Siegfried J. Schmidt,** geb. 1940, arbeitete von 1970 bis 2006 als Professor an den Universitäten Bielefeld, Siegen und Münster, für:

- Texttheorie,
- Theorie der Literaturwissenschaft,
- Allgemeine Literaturwissenschaft,
- Kommunikationstheorie und Medienkultur

Er war Initiator der Texttheorie und der Empirischen Literaturwissenschaft sowie einer der Hauptvertreter des Radikalen Konstruktivismus in Deutschland.

Prof. Dr. Walter Schwertl Geschäfts-
führender Inhaber
  Kontakt:
  Schwertl & Partner
  Bernardstraße 112
  63067 Offenbach am Main
  Büro: 069/9055999-0
  Email: office@schwertl-partner.de

Arbeitsschwerpunkte
- Business Coaching für Führungs-
  kräfte
- Begleitung von Veränderungspro-
  zessen
- Beratung von Familienunternehmen

Beruflicher Werdegang

seit 2018	Prof. an iba. Darmstadt
seit 2006	Leiter des Sachverstän- digenrates des DBVC
seit 2004	Senior Coach, Deut- scher Bundesverband Coaching e. V.
seit 2000	Geschäftsführender Partner Schwertl & Partner Beratergruppe
1964 – 1972	Tätigkeit als Pâtissier

Business-Coaching: Eine Annäherung

1

Zusammenfassung

Business-Coaching hat seine Wurzeln in jüngerer und älterer Geistesgeschichte. Deshalb ist im Gespräch von Sokrates, den Hauslehrern der Antike, von Jesuiten, Hofräten und Staatssekretären als Vorläufern des Konsultantentums die Rede. Business – Coaches, die meist als Kleinunternehmer agieren, bewegen sich im Spannungsfeld zwischen Kunst und Kommerz. Wer sich dabei nur dem Kommerz verschreibt, wird Defizite in der Kunst d. h. im Wissen aufweisen, wer aber nur die Kunst liebt, läuft Gefahr, in Schönheit zu sterben.

SJS Walter, ich würde gerne mit einer ganz dummen Frage anfangen: Wie wird man Business-Coach? Gibt es eine geregelte Ausbildung? Gibt es eine Qualitätsprüfung? Kann sich jeder dazu selbst erklären – oder wie läuft das ab?

WS Es gibt viele Möglichkeiten, Business-Coach zu werden. Grundsätzlich kannst Du beschließen, als Business-Coach zu arbeiten. Ob und wann Du Kunden findest, wäre noch eine offene Frage. Bei Deinem beruflichen Hintergrund wäre es wahrscheinlich in vielen Varianten möglich. Andere Personen, mit anderen Voraussetzungen, werden jedoch mehr Mühe haben, Aufträge zu akquirieren. Der klassische Weg, den wir häufig

© Springer Fachmedien Wiesbaden GmbH, ein Teil von Springer Nature 2019
S. J. Schmidt und W. Schwertl, *Business-Coach trifft Philosophen*,
https://doi.org/10.1007/978-3-658-22732-6_1

1

beobachten, lässt sich wie folgt skizzieren: Die Coaches haben
in der Regel eine solide Berufsausbildung und Praxis, oder sie
haben ein Studium absolviert, meistens ein passendes Studium wie Betriebswirtschaft oder Sozialwissenschaften. Aber
auch andere Studiengängen finden sich in den Bewerbungs-
unterlagen der Ausbildungskandidaten. Es gibt aber auch völlig abweichende Biografien. Je nach Vita ist es angebracht, eine
spezielle Coaching-Ausbildung zu absolvieren. Dies garantiert
aber keineswegs den beruflichen Erfolg. Es gibt leider auch qua-
litativ wenig überzeugende Ausbildungen. Aber einige Angebote
sind hervorragend, und bei entsprechendem Engagement ist der
Gewinn für die Teilnehmer durchaus respektabel. Leider gibt es
auch Angebote, die die Bezeichnung Ausbildung nicht verdienen.
Auf der dunklen Seite finden sich Rosstäuscher, Gaukler und
Flachdenker. Viele Kollegen, was durchaus nachvollziehbar ist,
rufen nach staatlicher Anerkennung als Beruf. Ich habe Zweifel
daran, ob eine staatliche Anerkennung die Schattenseiten wirklich entscheidend eindämmen könnte. Man besäße ein staatliches
Diplom, ähnlich dem Führerschein, d. h. eine staatliche Erlaub-
nis, die allzu oft als Bescheinigung über vorhandenes Können
oder Qualität interpretiert wird. Es gäbe dann feste Zugangs-
regularien, viele Ordnungsprinzipien, sehr viel Verwaltungs-
arbeit, und dadurch würde die Dynamik der Entwicklung dieser
Profession blockiert. Zusätzlich würde eine Coaching-Kammer
eingerichtet, pro Jahr würden ungefähr 1500 EUR Zwangsbei-
trag pro Mitglied gefordert, viele elektronische Wortwerke,
noch mehr Regularien und bürokratisches Getöse entstünde und
es gäbe für den Aufwand keinen einzigen Auftrag mehr. An der
Entwicklung durch das Psychotherapeutengesetz aber auch bei
anderen Berufsgruppen kann man dies deutlich beobachten.
Innerhalb des DBVC[1] aber auch zwischen den Protagonisten
der systemischen Therapie wird genau diese Diskussion geführt.
Systemische Therapie, gestartet als eine große Innovation und
Herausforderung für konventionelle und in die Jahre gekommene
Psychotherapie, hat durch die Integration in den Komplex der
Gesundheitsindustrie ihre Innovationskraft verloren.

---

[1]Deutscher Bundesverband Coaching.

SJS Wenn Coaching ein so offenes Feld ist, dann hat es doch wahrscheinlich Coaches schon früher, vielleicht seit der Antike gegeben?

WS Genau, nur diese Bezeichnung gab es noch nicht. Allerdings ist die Ansicht weit verbreitet, dass Beratungsleistungen dieser Art mit der Bezeichnung Coaching neu in die Welt kamen. Früher lauteten die ersten Anfragen an Berater ungefähr so: *Sie sind doch Psychologe, wir haben da einen guten Manager, der hat das oder das Problem. Können Sie uns helfen?* Das heißt, das gewährte Vertrauen war auf ein bestimmtes Studium z. B. der Psychologie gerichtet. Ich habe mich früher auch nicht Coach genannt, da es diese Tätigkeitsbezeichnung nicht gab. Wenn wir andere verwandte Begriffe wählen, z. B. Berater oder Konsultantentum, öffnet sich der Blick auf eine lange europäische Tradition. Auch wenn die Bezeichnung Konsultantentum nicht marktfähig ist, fände ich es charmant. In Schriften der Antike findet sich oft die Bezeichnung *Hauslehrer*. Ein berühmtes Beispiel ist der Philosoph Seneca der Jüngere. Die Angaben über sein Wirken sind allerdings widersprüchlich. Es gibt viele Quellen die sagen, Seneca hatte mäßigend auf den römischen Kaiser Nero eingewirkt. Im günstigsten Falle ließe sich ein Bogen in die Gegenwart schlagen. Etwas später wäre Ignazio von Loyola, Begründer des Jesuitenordens, zu nennen. Jesuiten waren und sind oft sehr erfolgreiche Berater. Jesuiten verpflichteten sich nach dem kompletten dreiteiligen Gelübde, keinerlei Bischofsamt auszuüben. Die Wahl von Kardinal Jorge Mario Berglio, aus Argentinien stammend, zum Papst gewählt am 15.03.2013, zeigt exemplarisch, wie groß die Verführung sein kann, Mächtige nicht nur zu beraten, sondern die Seite zu wechseln und damit sich der eigenen Wirkung zu berauben. Im Prinzip beruhte der Einfluss der Jesuiten auf einem sehr starken Bildungsanspruch, lehrenden Tätigkeiten und Beratungsmandaten. Die sogenannten Hofräte der österreichischen K & K Monarchie waren Ratgeber zu Hof. Dass die Sinnhaftigkeit des Titels, um es höflich zu umschreiben, heute nicht überzeugt, ändert nichts daran, dass es sich ursprünglich um Ratgeber am kaiserlichen Hof handelte. Denken wir ganz modern an den englischen Begriff der Spindoctors für Politiker. Stellt man sich das Kanzleramt als Hofburg vor, hat sich nur der Name geändert. Ich will sagen, es gab immer Berater für Menschen, die in wichtigen Positionen stehen. Des Weiteren gibt es noch eine andere historische Variante: Man hat, seit ich mich erinnern kann, z. B. im Boxsport nicht Trainer gesagt, sondern es hieß immer Coach. Ich erinnere an den berühmten Coach von Muhammad Ali, Angelo Dandi. Er war mehr Berater und väterlicher Freund als Trainer. Angelo Dandi hatte immer zwei Trainer dabei, die sich dann um Technik und Kondition von Muhammad Ali gekümmert haben.

Zusätzlich gibt es ein großes Feld von mehr oder weniger hilfreichen Tätigkeiten, die heute als Coaching bezeichnet werden. Innerhalb der Business-Community sprechen wir von Lebenscoaching. Meistens sind dies vorhandene Angebote, die oft einfach umbenannt wurden. Aus der guten alten Hundeschule z. B. wurde *Doggy-Coaching.*

SJS Nun könnte man folgendes Bild skizzieren: Beratungsbedarf hat es schon immer gegeben. Mit dem Beginn der Moderne nimmt die Nachfrage zu und verschärft sich mit dem Übergang ins IT-Zeitalter. Wäre das eine sinnvolle Beschreibung?

WS Informationstechnologie hat das Leben radikal schneller gemacht. Zwischen dem Senden von Briefen und der Antwort verging oft eine Woche. Heute werden Reaktionszeiten von oft weniger als einer Stunde vorausgesetzt. Die Zeiträume, über Dinge nachzudenken, sind sehr viel kürzer geworden. Potenziell können Kunden selbst nachdenken, selbst ihre Problemlösungen finden – nur haben diese oft keine Zeit. Es gibt ein interessantes Beispiel: Das Top-Management in der Atomindustrie hat eine viertel Stunde Zeit, Entscheidungen zu treffen, die eine Konsequenz von einer Halbwertszeit von 500 Tausend Jahren haben. Es ist schwer voraussagbar, was diese Entwicklung bedeutet. Mich macht es oft sprachlos.

SJS Gibt es weitere Erklärungen für diesen enorm gestiegenen Beratungsbedarf?

WS Neben dem Bedarf in Folge des IT-Zeitalters sind gestiegene Anforderungen der jeweiligen Organisation an die jeweiligen Personen zu benennen. Mit einigen Kollegen des DBVC führen wir eine Diskussion darüber, Business-Coaches als Makler, als Vermittler der jeweiligen Interessen zu verstehen. Wir Coaches und die Kunden von Business-Coaching sind einem enormen Wissenszuwachs ausgesetzt, der kaum zu bewältigen ist. Von Business-Coaches werden Problemlösungen erwartet. Aber wir geben oft nicht den richtigen Weg vor, sondern stellen verschiedene Lösungen einander gegenüber. Aber entscheiden, operativ umsetzen und verantworten müssen die Kunden die Lösungen selbst.

Eine Kundin berichtete über einen Konflikt in einer großen deutschen Bank. Dieser zeigt sehr deutlich die Notwendigkeit für Business-Coaching. Eine neue Führungskraft sandte gegen zweiundzwanzig Uhr ihre letzte Order via Emails. Regelmäßig lautete der Abspann: Vollzug 07.30. Ich mag dieses Beispiel.

Es gibt noch einen wichtigen anderen Aspekt: Bereits in der Antike wurde die Spannung zwischen Weisheit (Philosophie) und der Fähigkeit, diese über Rhetorik zu vermitteln, deutlich. Wir brauchen einerseits Sichtbarkeit, also *Performanz und Wissen* (siehe Glossar), damit wir die Bühnen bedienen können. Diese Balance gerät aber auch heute immer wieder aus den Fugen. Die Antons dieser Welt (Schwertl 2016) oder das *Monster von NRW* (Insider-Jargon über ein sehr schwarzes Schaf der Branche), stehen – arm an Inhalten, aber mit verführerischer Performanz ausgestattet – heute auf der einen Seite, eine Menge hoch qualifizierter Kolleginnen und Kollegen auf der anderen.

SJS Dieses Spannungsfeld, salopp formuliert zwischen Kunst und Kommerz findet sich häufig. Der von Dir verehrte Thomas Bernhard hatte Siegfried Unseld und damit die verlegerische Potenz des Suhrkamp Verlags als kommerzielles Standbein zur Verfügung. Wie löst Ihr das Problem der Beziehung zwischen Kunst und Kommerz im Coaching-Bereich?

WS Sehr präzise zugespitzt: In unserem Tätigkeitsfeld müssen folgende Aspekte berücksichtigt werden: Viele Coaching-Unternehmen sind Kleinunternehmen. Die Kolleginnen und Kollegen müssen daher – wenn sie am Markt bestehen wollen – Kunst und Kommerz bedienen können. Mit anderen Worten: Wer sich zu sehr dem Kommerz verschreibt, wird Defizite in der Kunst haben. Wer aber in diesem Beruf nur die Kunst liebt und den Kommerz missachtet, wird in Schönheit sterben.

SJS Um für ein Unternehmen den passenden Coach zu verpflichten, bedarf es doch eines großen entsprechenden Fachwissens. Findet Ihr dieses Wissen in Unternehmen vor?

WS Ähnlich wie auf der Anbieterseite begegnet man auf Kundenseite einer großen Vielfalt an Wissen aber auch an Unwissen. Meistens liegen Empfehlungen Dritter zugrunde. Im Regelfall obliegt die Verpflichtung von Coaches der Personalabteilung. Dort findet man durchaus Erfahrung und Fachwissen als Kriterien für die Auswahl. Ob dieses Wissen immer *state of the art* ist, sei dahingestellt.

Wenn Unternehmen eigene Einkaufsabteilungen haben und dann versuchen, Coaching-Leistungen im Modus von Wareneinkauf zu etablieren, wird es oft sehr schwierig. Bewusste Provokationen der Einkäufer und Entwertungen der Anbieter gehören zur Strategie der Verhandlung über die Preisgestaltung. Beratungsleistung ist aber keine Ware. Viele Kollegen – wir schließen uns ein – wollen nicht mit Einkaufsabteilungen verhandeln. Einkaufsabteilungen sind bei entsprechender Größe wirtschaftlich sinnvoll, aber wir sind keine Rohstoffe und auch keine Mengenware. Eine Kollegin nannte uns einmal Freigeister, wir bekennen uns dazu. Die Balance zwischen Kunst und Kommerz ist für uns ein wichtiges Gut, letztlich entscheidet sie über Erfolg oder Misserfolg.

SJS Die Frage lautet, was sind Eure Möglichkeiten, wenn es heißt: Entweder Sie ordnen sich dem Diktat der Einkaufsabteilung unter, oder wir verzichten auf Ihr Angebot?

WS Eigentlich bin ich ungeeignet, auf diese Frage Erhellendes zu antworten. Man sagt mir nach, ein Anhänger der Kunst zu sein, aber gleichzeitig möchte ich auch entsprechend entlohnt werden. Meine Lösung ist sehr individuell: Ich lege vorher fest, in welcher Höhe mein Honorar zu liegen hat und nenne zunächst die Höchstsumme. Kaufleute möchten handeln, und sie sollen ihr Vergnügen haben. Das Unterschreiten der Mindestsumme interpretiere ich als Entwertung meiner Tätigkeit und breche ab. Hier gilt die Regel: *Ein Berater, der sich entwerten lässt, ist für das Unternehmen ohne Wert.*

Ein von mir geschätzter Kunde formulierte diesen ganzen Prozess wie folgt: Wir einigen uns auf das *Wie-Wann-Wo* und dann kleben sie ein Preisschild drauf, und ich handle ein bisschen.

SJS Wenn die Auftragsbücher voll sind, könnt Ihr Euch diese sehr unmissverständliche Haltung leisten. Aber ist es wirklich so wie bei einem niedergelassenen Arzt, dass die Hilfesuchenden kontinuierlich kommen?

WS Es mag Kollegen geben, die so prominent am Markt positioniert sind, dass tägliche neue Anfragen eintreffen. Meine offizielle Antwort lautet: Wir bewahren unser Gesicht, verteidigen unsere Prinzipien und ziehen bei Bedarf von dannen. Gleichzeitig bemühen wir uns um andere Kunden. Ich weiß keine für immer und jede Situation gültigen Antworten. Wir wollen nicht in Schönheit und Stolz verhungern; aber gleichzeitig gibt es Grenzen. Ich wiederhole: Entwertete Berater haben für ein Unternehmen bzw. für seine Akteure keinen Wert. Sie werden dann häufig für nicht kommunizierte Absichten missbraucht und vom Hof gejagt. Meine Erfahrung sagt deutlich: Wenn ich mich auf Entwertungsszenarien einlasse, bin ich für diese oder jene Anfrage kein guter Berater. Dies hat wenig mit persönlicher Kränkung, aber viel mit Erfahrungen zu tun. Viele Kollegen sichern sich ökonomisch durch naheliegende Tätigkeiten ab, um sich die notwendige Autonomie zu bewahren.

SJS Was sind sichere Indikatoren für solche Entwertungen? Habt ihr schon einmal Verhandlungen abgebrochen?

WS Die zweite Frage zuerst. Ja, ich habe Verhandlungen abgebrochen, und es war in Ordnung für mich. Ich habe aber sehr viel Mühe gehabt zu lernen, dass man manchmal abbrechen muss. Es gibt keine sicheren Indikatoren. Es sind schwache Signale, vage Hinweise wie z. B. grobe Unhöflichkeiten. Wenn man solche Interaktionen beobachtet, bildet man sich eine entsprechende Arbeitshypothese und überprüft sie durch erhellende Fragen und entscheidet sich, will man weiterhin so behandelt werden oder bricht man ab. Im Prinzip kann ich hier nur in der Ich-Form sprechen, andere Kollegen gestalten diese Verhandlungen vielleicht viel effizienter. Wenn ich den Eindruck von Entwertung gewinne, gehe ich innerlich auf Distanz, beobachte verstärkt den Prozess und bin bei Bedarf bereit abzubrechen. Für mich ist es sehr wichtig, die strategischen Eckpunkte vorher festzulegen. Ich habe durch Erfahrung lernen müssen, ich bin nicht der Herrscher des Prozesses. Prüfverfahren mit Messgenauigkeit im naturwissenschaftlichen Sinne existieren nicht. Persönlich habe ich oft die Grenze zu spät gezogen und mir selbst geschadet. Ich habe daraus gelernt, verfüge über andere Einnahmequellen und meine grauen Haare sind ebenfalls hilfreich.

Disziplinen wie Sozialwissenschaften oder Psychologie helfen uns, Argumentationsketten aufzubauen, zu optimieren und Organisationsdynamiken besser zu verstehen. Die Betriebswirtschaftslehre hilft uns zu akzeptieren, dass unser Wirken auch ökonomisch beurteilt wird. Im Übrigen tröste ich mich, dass es seit der Antike bekannt ist, dass wir gerne die Kunst in Anspruch nehmen, aber dass dann, wenn der Preis aufgerufen wird, die Krämerseele ins Wallen gerät. Die Erfahrung zeigt, Anfragen versehen mit maximalen Ansprüchen – jetzt sofort, ganz viel und dafür wenig Honorar – führen nicht zu Aufträgen, sondern zu unwürdigen Situationen. Ich habe durch einen glücklichen Umstand von arabischen Geschäftsleuten ein Prinzip gelernt: *Beleidige niemand, auch wenn du dessen Preis nicht bezahlen willst, er könnte dir eines Tages wertvolle Dienste tun.*

SJS Man könnte doch Folgendes behaupten: Schlaue Leute hat es immer schon gegeben, in allen Positionen. Jetzt kommt da plötzlich ein Herr oder eine Dame daher und behauptet: *Ich bin aber viel schlauer als ihr, denn ihr seid zwar schlau, aber ihr habt so viel Probleme, und ich bin schlauer, weil ich weiß, wie ich eure Probleme löse.* Wäre das ein Berufsbild von Coach, was Dich interessieren könnte?

WS Nein, das würde mich mit Sicherheit nicht interessieren. Ich muss aber mit Schmunzeln dazu sagen: Wahrscheinlich finden wir durchaus solche Argumentationen. Mein Verständnis ist ein grundsätzlich anderes. Ich verfüge über ein bestimmtes Fachwissen, z. B. über die Spezifika von Familienunternehmen. Der Kunde hat ebenfalls sein Fachwissen. Ich stelle ihm dieses mein Fachwissen, in diesem Beispiel Spezifika von Familienunternehmen, zur Verfügung, und wenn gewünscht begleiten wir ihn, es operativ umzusetzen. Ich würde mich daher nicht klüger nennen, sondern ich verfüge über anderes Wissen, das für den Kunden hilfreich ist. Allerdings ist hier unterstellt, dass Coaches immer dieses propagierte andere Wissen in der notwendigen Tiefe tatsächlich zur Verfügung haben. Hier gibt es eine sehr große Streuung an Wissen. Aus meiner Sicht ist die Streuung zu groß. Die Vorstellung, man braucht ein paar Werkzeuge – modern formuliert muss man diese *Tools* nennen – um damit die Maschine Mensch zu reparieren, findet sich als ein Extrem, und die andere Seite verkörpern gut gebildete, mit großer sozialer Kompetenz ausgestattete Kolleginnen und Kollegen. Wir konzentrieren uns auf Business-Coaching. Hierfür sollte man Wissen über Managementlehre und Praxis haben, Soziologie und Organisationspsychologie sind ebenfalls unverzichtbar. Dies ist Basiswissen, geistiges Rüstzeug. Das Handwerkliche, nämlich *Kommunikative Kompetenz* (siehe Glossar) und *Erfahrung* kommen hinzu. Wir müssen lernen, Kontingenz[2] zu akzeptieren und trotzdem zu handeln.

---

[2]Kontingent ist, was weder notwendig noch unmöglich ist (siehe auch Glossar).

Heute gegen Ende meiner Berufslaufbahn drängen sich mir
mehr und mehr andere zentrale Fragen auf. Diese Fragen kreisen
um mein Bild von der Welt, von Menschen oder besser gesagt
von Systemen, in denen ich ein Teil bin.

- Was bedeutet es, aus theoretischen Gründen instruktive
  Interventionen infrage zu stellen, aber in der eigenen Praxis
  zumindest die Hoffnung zu haben, dass Interventionen doch
  erfolgreich sein könnten?
- Bei einem klugen Jesuiten (ich habe mir leider den Namen
  nicht gemerkt) las ich folgenden Satz: *Wer Einfluss nehmen
  will, muss die Richtung kennen, und dafür muss er wissen, wo
  er steht.*
  Können wir dies in Anbetracht von Kontingenz wirklich leisten? Bei diesen Fragen zähle ich oft auf Dich, Dein Wissen
  und unsere Gespräche.
- Um das große Bild in den Fokus zu nehmen: Was wird aus
  dieser Welt mit diesen mächtigen nicht kontrollierbaren
  Konzernen? Die Probleme werden mehr und größer, das
  politische Personal – um Helmut Schmidt zu zitieren – lässt
  gleichzeitig immer mehr zu wünschen übrig!

SJS Wir werden am Ende unserer Gespräche vielleicht Eini-
ges anders sehen als zuvor; aber wahrscheinlich bekommen wir
Antworten, die wieder neue Fragen provozieren. Aber lass uns
zunächst bei den kleinen Bildern bleiben. Wenn ich Dir zuhöre,
dann höre ich eigentlich ein Modell von Coaching als Hilfe zur
Selbsthilfe und nicht als Reparaturwerkstatt.

WS Ein eingeschränktes Ja. Ich mag diesen Slogan nicht
sehr, er ist verbraucht. Die Reparaturwerkstatt, möglichst auch
noch die Reparatur der Maschine Mensch, schließen wir aus.
Ich würde sagen: Coaching initiiert Prozesse, provoziert Veränderung; und dabei sind mindestens zwei Partner beteilig, nämlich der Kunde und der Coach. In unseren Fachpublikationen
findet sich meistens der Gedanke zur Selbsthilfe. Konkret
bedeutet dies, wir unterstützen Kunden dabei, ihre spezifische
Lösung zu finden. Hinter der verschlossenen Tür gestaltet sich

der Ablauf aber manchmal ganz anders. Die Kunden erwarten von uns eine denkbare Lösung, sie wünschen, dass wir unsere Beratungserfahrung aus vergleichbaren Situationen einbringen und die denkbaren Konsequenzen darstellen. Sie haben nicht immer die Möglichkeit, möglichst viele Fehler selbst zu machen. Hierzu ein Bild:

Ich besitze einen Bauchladen, stelle mögliche Kärtchen mit Ideen darauf und überlasse es den Kunden, sich für eine Karte oder eine Mischung zu entscheiden. Der zweite Schritt besteht darin, den Kunden bei der Umsetzung zu begleiten. Man kann dies natürlich auch als Verstörung eines Systems bezeichnen, damit signalisiert man Wissen über Systemtheorie. Aber die Entscheidung bleibt, rechnet man die Veränderung dem Kunden oder dem Berater zu. Persönlich ziehe ich es vor, die Kunden in der Verantwortung der Veränderung zu belassen und ihnen daher auch den Erfolg zuzurechnen. Von Gregory Bateson habe ich eine gewisse Demut gegenüber Systemen gelernt, besser formuliert, ich bin noch dabei, dies zu lernen. Unserer Branche mit ihrem herrschenden Hochmut und diesem Catwalk der unendlichen Eitelkeiten würde Bescheidenheit gut tun.

SJS Wo liegen die Hauptprobleme bei Unternehmen? Wann ruft eine Person oder eine Organisation nach Coaching?

WS Die Antworten können sich nur auf einen bestimmten Zeitraum beziehen; denn die genannten Anlässe unterliegen starken Schwankungen. Anlässe sind z. B. Reibungsverluste in Zusammenhang mit großen Veränderungsprozessen z. B. bei Fusionen, Zusammenlegungen usw. Probleme im Zusammenhang mit Führung sind ein großes Thema. Wir arbeiten sehr viel und gerne mit Familienunternehmen. Oft findet man dort eine Unternehmenskultur, die noch andere Werte als Gewinnmaximierung hochhält.

Als vor ca. 30 Jahren Unternehmen die Supportleistung Business – Coaching entdeckten, war damit die Vorstellung einer Reparaturleistung verbunden. Dies findet man bei vielen Kollegen und Kolleginnen immer noch. Meistens verhandelt man in diesem Zusammenhang Angebote zur persönlichen Optimierung.

Ich akzeptiere dies für sportliche Leistungen z. B. im alpinen Skilauf, um den Stil zu korrigieren. Gelegentlich findet sich hierfür auch der Begriff des Fach-Coachings.

Die Entwicklung geht aber mehr in die Richtung, Business-Coaching als Vermittler zwischen den Bedürfnissen des Individuums und der Organisation zu verstehen. In diesem häufig harten Widerspruch Dialogförderer und Problemlöser zu sein, ist eine interessante Herausforderung. In dieser Mittlerposition sehe ich echten Mehrwert. Die Anlässe, nach Coaching zu rufen, sind häufig Konflikte, die mit arbeitsrechtlichen Schritten nicht bewältigbar sind. Oft sind sie justiziabel nicht fassbar, oder der Weg zum Arbeitsgericht würde das Risiko weiterer Eskalation zur Folge haben. Mitarbeiter beobachten sehr genau, wie eine Organisation mit Konflikten umgeht. Hier hat man gute Chancen zu scheitern. Zu früh, zu forsch oder einfach zu direkt hinterher zu fragen erschwert den Aufbau von Vertrauen, gleichzeitig wird ein hohes Maß an Präzision und Effizienz erwartet. Ganz pragmatisch gedacht unterstellen wir, die Kunden werden gewichtige Gründe haben, etwas mitzuteilen bzw. nicht mitzuteilen.

SJS Welche Arten von Beratungsleistungen werden unter Coaching subsumiert?

WS Im DBVC unterscheiden wir zwischen Lebensthemen-Coaching und Business-Coaching. Die beiden Begriffe signalisieren zunächst wenig Trennschärfe. Sie sind nicht sehr glücklich gewählt. Business-Coaching fokussiert Themen, die sich aus der jeweiligen beruflichen Tätigkeit ergeben. Lass es mich anders versuchen. Business-Coaching darf sich nicht in dieser Zweierkonstellation Kunde und Coach isolieren. In solch einem isolierten Prozess nähert man sich thematisch sehr schnell psychotherapeutischen Prozessen. Eingehüllt in ein Vier-Augen- Gespräch, beschützt durch das Beichtgeheimnis der Verschwiegenheit ist das ein schönes Ruhekissen. Gleichzeitig darf man nicht zum Erfüllungsgehilfen der jeweiligen Organisation werden. Wir müssen beide Perspektiven einnehmen können und die notwendige Flexibilität erhalten.

In diesem Spannungsfeld zwischen Organisation und Individuum sind wir Dialogförderer, Entwickler von Lernprozessen, manchmal auch Makler von Interessen. Damit schaffen wir eine Unterscheidung zum Lebensthemen-Coaching. Hierbei geht es nicht um richtig oder falsch, sondern um Unterschiede. So können wir uns auf eine lange Tradition berufen und werden nicht durch eine neue Sau, die durch das Dorf getrieben wird, abgelöst.

SJS Du kennst das etwas grobe Zitat: *Des Brot ich ess, des Lied ich sing.* Wer bezahlt Euch?

WS Ich kenne es, fand es früher schrecklich altmodisch und hochherrschaftlich; aber heute weiß ich, welchen Einfluss Loyalität hat. Es gibt Kunden, die unsere Dienstleistung aus eigener Kasse bezahlen. Aber sehr häufig finanziert uns die Organisation oder das Unternehmen. Wenn Kunden privat bezahlen, ist das Verhältnis eindeutig und klar. Wir erhalten einen Auftrag, werden für die Zeit und nicht für das Ergebnis bezahlt.

SJS Einwand: Wenn ich einen Vortrag halte, werde ich doch auch für das Ergebnis bezahlt?

WS Du wirst für Deine Vorbereitung, Dein Wissen, Deinen Ruf, für die geschriebenen Bücher und für Deine Redezeit bezahlt, aber nicht für den Applaus. Wir verantworten den Beratungsprozess, die Auftragserfüllung usw., aber nicht das, was der Kunde aus dem Erkenntnisgewinn, falls er diesen hat, macht. Ich berufe mich auf Dich und verweise nochmals auf die Unmöglichkeit, instruktiv zu intervenieren. Verantwortung in diesem umfassenden Sinne für einen Menschen zu übernehmen wäre eine Hybris. Selbst der Notfallarzt kann nur sein Tun verantworten und nicht die Reaktionen des Patienten auf sein Tun. Ich rate hier dringend zur Bescheidenheit.

SJS Wenn Organisationen den Auftrag geben…

WS …Wir lösen dies mit Dreiecksaufträgen zwischen Kunden, Organisation und Dienstleister. Ich würde dies gerne bei unserem Gespräch über Vertrauen genauer erörtern.

Nach diesem Versuch, sich der Dienstleistung pragmatisch zu nähern, werden einige zentrale Begriffe vertieft.

Literatur

Schwertl, W. (2016). *Kommunikative Kompetenz im Business-Coaching.* Wiesbaden: Springer.

Kommunikation

2

Zusammenfassung

Im Sinne N. Luhmanns wird Kommunikation als soziales System verstanden. Traditionellen Sender – Empfänger-Vorstellungen von Kommunikation wird damit widersprochen. Kommunikationspartner sind in diesem Theorierahmen autonom und daher nicht linear instruierbar. Bildlich gesprochen: Wir sehen Kommunikationspartnern nur *vor* den Kopf, aber nicht ins Gehirn. Daher brauchen wir, um erfolgreich zu kommunizieren, Vertrauen und kommunikative Kompetenz. Business-Coaching findet im Modus von Kommunikation statt und benötigt entsprechend professionelle Vorstellungen von den Bedingungen des Gelingens von Kommunikation.

WS Ich denke, wir nähern uns dem Punkt zu fragen, in welchem Modus unsere Operationen stattfinden. Ich halte es für sinnvoll, sich darüber zu verständigen, worüber wir vertieft weiter diskutieren wollen. Für mich bedeutet dies, wir müssen uns zunächst über Kommunikation verständigen.

Als ich vor vielen Jahren mit den Axiomen von Paul Watzlawick konfrontiert war, faszinierte mich der Satz: *Es ist nicht möglich, nicht zu kommunizieren* (Watzlawick 1967). Die Behauptung wurde, warum auch immer, zu einem Dogma für Praktiker. Aber nur sehr kurze Zeit später regten sich alltagspraktische Zweifel in mir. Mir schien dies nicht durchführbar,

© Springer Fachmedien Wiesbaden GmbH, ein Teil von Springer Nature 2019
S. J. Schmidt und W. Schwertl, *Business-Coach trifft Philosophen*,
https://doi.org/10.1007/978-3-658-22732-6_2

der Beweis nicht erbringbar, und immer kommunizieren zu müssen eine persönliche eine Zumutung. Später las ich bei Dir, *kommunizieren kann man betreiben, aber auch sein lassen.* Übrigens war das damals der Grund, warum ich Kontakt zu Dir aufnahm. Ich werde oft gefragt, wie es zu dieser widersprüchlichen Aussage kam. Mich würde interessieren, welche Vorannahmen bei Paul Watzlawick dahintersteckten. Welche Begriffsklärung kann der Kommunikationswissenschaftler dem Praktiker bei dieser Frage anbieten?

Ich vermute, Watzlawick setzt Kommunikation mit Verhalten gleich; dann würde das Axiom Sinn machen.

SJS Kommunikation gehört zu den tückischen Begriffen, die im Alltag ebenso wie in der Wissenschaft und dort in einer großen Anzahl verschiedener Disziplinen Verwirrung stiften. Der Kommunikationsbegriff ist hartnäckig undefinierbar. Was man aber machen kann, ist offenbare Verkürzungen, unzureichende Formulierungen und unplausible Kategorien zurechtzurücken.

WS Das heißt: Wir spezifizieren Verwendungsmöglichkeiten, reduzieren unbrauchbare Vorstellungen und verständigen uns darüber, was wir unter Kommunikation verstehen.

SJS Es ist meines Erachtens sinnvoll damit anzufangen, dem *Telekom-Missverständnis* (siehe Glossar) zu widersprechen, Kommunikation sei der Austausch von Informationen zwischen Sender und Empfänger über eine möglichst störungsfreie Leitung. Dagegen möchte ich an Luhmanns Einsicht erinnern, dass die Voraussetzung von Kommunikation nicht in erster Linie das technische Equipment ist, sondern *Vertrauen.*
Lass mich einen kurzen Exkurs einschieben.
Zu historischen Zeiten rein mündlicher Kommunikation standen sich zwei Kommunikanten gegenüber, die sich sahen und einschätzen konnten. Seit der Erfindung der Schrift(en) standen sich abstrakte Aktanten (Schreiber und Leser, Sender und Empfänger) gegenüber, die sich – von wenigen Ausnahmen abgesehen (z. B. im Briefverkehr) – nicht kannten, sondern die

sich einschätzen mussten, die ein Bild des Textproduzenten ent-
werfen und sich entscheiden mussten, für wie vertrauenswürdig
sie ihn halten (können). Mit jedem neuen Medium rückten die
Produzenten von Medienangeboten immer weiter in eine fiktive
Dimension – gipfelnd im Internet, wo Simulation und Referen-
zierbarkeit zusammenfallen können. In dieser Situation wird
Vertrauen zur letzten verlässlichen Währung.

WS Kommen wir zur Gegenwart zurück. Für Beratungsleistung –
hierunter würde ich auch Coaching zählen – bedeutet dies ganz
praktisch: nicht der gestylte, sprachlich glatte Auftritt, sondern
das Bewältigen der Voraussetzungslasten ist Teil der eigentlichen
Kunst.

SJS Versteht man Kommunikation als ein soziales Geschehen
zwischen mindestens zwei Partnern, dann muss man sehen,
das sind zwei selbstständige Partner, die versuchen, eine
gemeinsame Sprachhandlung zu realisieren. Um das zu tun,
muss es einen plausiblen Anlass für Kommunikation geben,
mit anderen Worten, man muss den anderen als relevanten
Kommunikationspartner akzeptieren. Hinzu kommt, dass man
eine Vertrauensvorgabe auf Zeit einräumen muss. Die kann auf-
gebraucht werden, dann scheitert Kommunikation. Aber sie kann
eben auch erfüllt werden, dann ist Kommunikation erfolgreich.
Bei Erfolg von Kommunikation muss man zwei Aspekte unterscheiden. Kommunikation kann gelingen und misslingen – und
sie kann erfolgreich und erfolglos sein. Gelingen heißt, ich
kommuniziere so, dass ich die verwendete Sprache in einem
hinreichend akzeptablen Sinne verwende. Das kann gelingen
oder nicht gelingen. Erfolg und Nicht-Erfolg sind erst die Folge
von Gelingen oder Misslingen. Erfolgreich sein heißt, dass ich
meinen Partner dazu gebracht habe, dass er sprachlich oder
nicht-sprachlich meinen Erwartungen gemäß reagiert. Da wir
unseren Partnern jedoch nur vor, aber nicht in den Kopf hinein-
schauen können, ist Kommunikation – oder genauer gesagt –
ist Verstehen immer unsicher. Aus diesem Grunde hat jede
Gesellschaft im Laufe ihrer Geschichte eine Fülle von Zusatz-
einrichtungen, sozusagen Sicherungsinstrumente entwickelt, die

den Erfolg von Kommunikation wahrscheinlicher machen sollen. So muss man etwa die Diskursregeln kennen, man muss die entsprechende Metaphorik beherrschen, man muss wissen, welche Themen neu und welche alt sind, was zumutbar ist und was nicht.

WS Ich würde dies gerne für mich zusammenfassen:

- Kommunikation ist ein soziales Geschehen. In der Diktion von Luhmann bilden wir durch Kommunikation ein soziales System.
- Wir haben mindestens zwei selbstständige Partner. Dies bedeutet u. a., instruktive Interventionen sind in Abrede zu stellen.
- Da wir nur bis zur Nasenspitze des Kommunikationspartners sehen können und die Folgen von Kommunikationsakten nicht absehbar sind, benötigen wir Vertrauen.
- Wir müssen die Verwendung einer Sprache beherrschen. Ich füge für meinen Beruf hinzu, wir müssen über *Kommunikative Kompetenz* verfügen. Umgangssprache reicht dafür nicht.
- Non-verbale Kommunikation ist bei diesen Überlegungen eingeschlossen.
- Diskursregeln und Metaphoriken müssen beherrscht werden.

SJS Zur Bedeutung von Vertrauen werden wir sicher noch später kommen.

WS Eine sehr praktische Frage: Bedeutet das, dass beispielsweise in einer Coaching-Ausbildung das schwierige Thema Kommunikation von entscheidender Relevanz sein muss?

SJS Ihr lebt doch schließlich davon. Wer im Kommunikationsgeschäft, zum Beispiel als Coach, erfolgreich sein will, muss hierzu professionelle Vorstellungen von Kommunikation haben.

WS Viele Kommunikationsakte, denken wir an Politiker, Marketingstäbe und so weiter, stehen heute unter Manipulationsverdacht. Wäre Kommunikationserfolg in diesem Fall gegeben, wenn die Manipulation gelingen würde?

SJS Es kommt meines Erachtens hinzu, in welcher Absicht dies unternommen wird. Man sollte persuasive, also überzeugende, überredende Kommunikation deutlich von Propaganda unterscheiden, die auf Widerspruchslosigkeit abzielt. Werbung oder christliche Predigt betreiben persuasive Kommunikation. Diese unterliegt einer moralischen und emotionalen Beurteilung und erlaubt Kontingenzzweifel – Propaganda nicht.

WS Aber die Absicht kann nicht zweifelsfrei festgestellt werden; denn niemand wird sich zu manipulativen Absichten bekennen.

SJS Das stimmt, und damit ist ein schwieriges Kommunikationsproblem benannt, nämlich: Wie erkenne ich die *wahren* Kommunikationsabsichten eines Kommunikators? Um dieses Problem auch nur annähernd zu lösen, brauche ich vielfältige Kompetenz. Ich muss Textmerkmale des Kommunikationsangebots richtig einschätzen können; ich muss soziokulturellen Kontext, vergangene Kommunikationsereignisse, Situationsbedingungen, erkennbare Persönlichkeitsmerkmale von Kommunikanten u. a. m. gewichten können, muss bisherige Erfahrungen und Erwartungen einbringen. Gelingt all das, erreiche ich kommunikative Wahrscheinlichkeiten, aber selten Sicherheiten. Kommunikation und Kontingenz sind Zwillinge. – Aber kommen wir auf unsere vorherigen Überlegungen zurück. Ich denke, wir haben bisher einige wichtige Punkte besprochen: Kommunikation ist von ihrem Erfolg her unvorhersehbar und sie muss eine hohe Voraussetzungslast bewältigen, um überhaupt wahrscheinlich erfolgreich zu sein. Und dazu kommt ein ganz wichtiger Punkt, auf den Heinz von Foerster hingewiesen hat: Die Bedeutungen entstehen im Kopf. Was wir kommunizieren, sind ja nur Kommunikations*materialien*. Wir tauschen keine Gedanken aus, sondern Laute oder Schriftzeichen. Zu dieser Thematik hat Gebhard Rusch eine schöne Formulierung beigetragen, nämlich *Orientierungs-Orientierung* (siehe Glossar). Wir können nicht präskriptiv in die Gedanken anderer intervenieren; wir können nur versuchen, den anderen so zu orientieren, dass er *sich selber* in dem Sinne orientiert, den wir intendieren. Das ist das persuasive Element in jeder Kommunikation. Ich biete sprachliches Material an, um erwünschte kognitive Leistungen sozusagen zu triggern.

WS Über den Begriff Orientierungs-Orientierung habe ich oft gegrübelt, jetzt verstehe ich ihn besser. Jetzt weiß ich, was ich tue, wenn ich als Coach interveniere: *Ich orientiere Orientierung.* Wie soll ich aber unseren zukünftigen Coaches erklären, dass sie nicht coachen, sondern persuasiv kommunizieren, um Orientierungs-Orientierung zu erzielen?

SJS Vielleicht kann dies gelingen, wenn man neben dem Konzept der Orientierungs-Orientierung noch ein zweites Konzept von Reflexivität einführt: nämlich *Erwartungs-Erwartung.* Damit ist Folgendes gemeint: Wegen der kognitiven Autonomie menschlicher Aktanten (heißt: nur vor den Kopf schauen, aber nicht hinein) können wir in Kommunikationsprozessen nur erwarten, nicht wissen, dass der/die Kommunikationspartner in Bezug auf die Bedeutung von Begriffen, auf die Relevanz von Themen und auf die Relevanz von Kommunikationsprozessen ähnliche Erwartungen hegen wie wir selbst. Kurz: Wir erwarten, dass sie erwarten, was wir erwarten. Daher wird es in einem Coaching-Prozess sehr darauf ankommen, die zugrunde liegenden bzw. die angestrebten Erwartungs-Erwartungen so deutlich wie möglich zu machen – durch intensive Kommunikation.

WS In unserer Coaching-Ausbildung beginnen wir mit einem zweitägigen Seminar, das nur die Aufgabe hat, uns über den Kommunikationsbegriff zu verständigen. In Relation zu insgesamt zwölf Seminaren ist das eine hohe Zeitinvestition. Findest Du es passend, in diesem Umfang damit anzufangen?

SJS Zunächst ist Kommunikation, wie gesagt, Euer wichtigstes Instrument. Dann ist es Euer größtes Problemfeld, und das wichtigste Feld für Erfolg und Misserfolg des Kunden. Also zwei Tage halte ich für das Minimum. Vor allem, wenn man sich verdeutlicht, dass Coaches auf Kunden treffen, die äußerst unterschiedliche Kommunikationsstile vertreten und unterschiedliche Erwartungs-Erwartungen haben.

WS Müssen wir für dieses Gespräch zum Kommunikationsbegriff noch etwas klären?

SJS Ja, Kommunikation und *Emotion* sind eng miteinander verbunden. Es gibt keinen Kommunikationsprozess ohne emotionale Besetzung, und diese Besetzungen sind entweder das beste
Schmieröl oder der Sand im Getriebe von Kommunikation.

WS Natürlich wird Coaching durch Emotionen förderbar oder
verstörbar. Gleichzeitig wenden wir viel Zeit und Ressourcen
auf, um den Teilnehmern zu verdeutlichen, dass nicht jeder Diskurs über emotionale Regungen hilfreich ist.

SJS Wie meinst Du das?

WS Eine kurze Geschichte: Ich führte mit einem Kollegen
zusammen ein Interview. Es war ein Interview mit eindeutig
therapeutischer Ausrichtung. Der Kollege liebte seine zwei
Hunde. Insbesondere Lola, benannt nach Lola Montez, war ihm
ans Herz gewachsen. Plötzlich kam eine Mitarbeiterin in unseren Raum geplatzt und rief: Lola ist tot. Der Kollege antwortete:
Vielen Dank und bat sie zu gehen. Er setzte das Interview ohne
eine Regung fort. Danach zeigte er all die Gefühlsreaktionen, die
man erwarten konnte. Wir sprachen sehr lange über Lola, den
Tod usw. Der Kollege und ich persönlich waren der Meinung,
dies sei eine adäquate, passende professionelle Haltung gewesen.
Wir können uns nicht von jedem Affekt leiten lassen. Ein großer
Teil der Kollegen sieht das mit Sicherheit gegenteilig: Man hätte
abbrechen oder mit dem Kunden über diese Situation sprechen
müssen.
   Ich teile deine grundsätzlichen Aussagen bezüglich Emotionen; aber dies kann nicht bedeuten, dass man jeder Emotion
sofort nachgibt. Für mich gehört zur Professionalität, die eigenen
Interessen, in diesem Fall Gefühle, zurückzunehmen.

SJS Hier müssen wir zwei Aspekte voneinander unterscheiden:
Zum einen die unlösbare Verbindung von Kommunikation und
Emotion (Emotionen steuern Kommunikation), zum anderen den

Umgang mit Emotionen in Kommunikationssituationen. Ersteres ist kaum beeinflussbar, Letzteres eine Frage personeller Reife und beruflicher Professionalität. Und wir wissen ja beide aus Erfahrung, wie schwierig es ist, über Gefühle so zu sprechen, dass das Gespräch nicht peinlich wird.

WS Ich danke Dir für diese Klarheit, an dieser Stelle gibt es viele Missverständnisse.

Literatur

Watzlawick, P., et al. (1967). *Menschliche Kommunikation*. Bern: Huber.

Kann Coaching scheitern und wenn ja: wie?

3

Zusammenfassung

Eine gewisse geistige und historische Nähe von Business-Coaching zu Pädagogik, Theologie und Medizin ist unverkennbar und manifestiert sich im Anspruch, komplexe Probleme erfolgreich zu lösen. Die oft zu beobachtende Sehnsucht des Praktikers, von der Philosophie oder von Wissenschaften objektiv richtige Instrumente der Problemlösung zu bekommen, wird schlicht als unerfüllbar zurückgewiesen.

SJS Wie geht man als Coach mit Scheitern um? Strategisch, pragmatisch, moralisch? Lernt der Coach aus Scheitern, wann, warum und wozu?

WS Ich will zunächst einen groben Pflock einschlagen. Wenn Coaches mit Scheitern nicht umgehen können, dann sollten sie sich eine andere Tätigkeit suchen, vielleicht einen Berufsberater aufsuchen oder selbst Berufsberater werden. Man muss immer darauf eingestellt sein, dass Aufträge scheitern. Es gibt keine andere Möglichkeit, als sich sehr intensiv mit Prozessen auseinanderzusetzen, die nicht gelungen sind. Ich habe z. B. wenig Spaß, Erfolgsstorys zu publizieren. Für mich ist das langweilig. Ich sehe aber viel Sinn darin, Misserfolge zu publizieren und

© Springer Fachmedien Wiesbaden GmbH, ein Teil von Springer Nature 2019
S. J. Schmidt und W. Schwertl, *Business-Coach trifft Philosophen*,
https://doi.org/10.1007/978-3-658-22732-6_3

genau darzustellen. Das ist aber nicht üblich, da wir ja eigentlich unfehlbar sind – zumindest glauben bzw. behaupten das manche Coaches.

SJS ja eben, … Aber ernsthaft: Was ist für Euch so schwer, mit Fehlern umzugehen?

WS Ich glaube, es gibt einige Teilantworten. Historisch betrachtet haben wir eine geistige Nähe zu Pädagogik, zu Religion, zur Medizin und zu anderen Berufsgruppen, die gerne Definitionshoheit in Anspruch nehmen und dabei relativ unsichtbar bleiben. All diese Wissensgebiete reflektieren, wenn überhaupt, mögliche Fehler in internen und abgeschlossenen Zirkeln. Sie siedeln Scheitern allzu gerne bei den Kunden an. Ich habe viele Jahre in einer Erziehungsberatung gearbeitet, dort lernt man sehr viele Kinder kennen, die als Schulversager gebrandmarkt sind; Lehrer die versagt haben, sind mir nicht begegnet. Ich könnte die entsprechenden Beispiele der einzelnen Berufsgruppen nennen. Die Befürchtung missverstanden zu werden, sich selbst oder der beruflichen Gemeinschaft zu schaden und damit nicht anerkannt oder ausgestoßen zu werden, all dies könnten weitere Gründe sein.

In Wirtschaftsunternehmen gibt es oft noch einen ganz anderen Aspekt. Anlässe nach Coaching zu rufen sind häufig Probleme, die mit arbeitsrechtlichen Schritten nicht bewältigbar sind. Oft sind sie justiziabel nicht fassbar, oder der Weg zum Arbeitsgericht würde das Risiko weiterer Eskalation zur Folge haben. Der Coach als soziales Valium, und wenn es trotzdem schief geht, kann man die Ursache allen Übels vom Hof jagen. Zu früh, zu forsch oder einfach zu direkt hinterher zu fragen, erschwert den Aufbau von Vertrauen, gleichzeitig wird ein hohes Maß an Präzision und Effizienz erwartet. Ganz pragmatisch gedacht unterstellen wir, die Kunden werden gewichtige Gründe haben, etwas mitzuteilen bzw. nicht mitzuteilen. Du nennst dies *operative Fiktion* (siehe Glossar). Ich will an einem Beispiel darauf eingehen:

Ein Kunde klagt über Konflikte mit seiner Führungskraft. Die Führungskraft bestätigt die Klagen und tut dies natürlich aus ihrer Sicht. Die Konflikte sind ernst, aber eine Auflösungsvereinbarung ist keine Option. Man einigt sich auf zehn Coaching-Termine und bespricht selbstverständlich die Parameter, an denen Erfolg zu messen sei. Nach einigen Interviews kündigt der Kunde und verlässt das Unternehmen. Der Kunde ist an einem Gespräch, wie es zu dieser Entscheidung kam, aus Zeitgründen nicht interessiert. Hier öffnet sich ein großer Interpretationsspielraum, dieser würde auch die Möglichkeit eines Fehlers des Coaches einschließen. Dies bedeutet, wir könnten ohne Mühe die Geschichte anders deuten. Vielleicht nützen wir die Chance, die uns Kontingenz bietet. Einer solchen Verführung kann man schnell erliegen.

SJS Wie geht ihr intern mit möglichen Fehlern um? Wie könnt ihr trotz Kontingenz Qualitätssicherung praktizieren oder gar garantieren?

WS Wir haben eine Grundregel, die für alle unsere Berater verbindlich gilt: Fehler können passieren, aber sie dürfen nicht verheimlicht werden. Hierfür haben wir ein fest vereinbartes Kommunikationsformat. Dies hilft, gegenseitige Vorwürfe oder unendliche Verbalkaskaden zu vermeiden. Zweitens, die Erfahrenen helfen den Jüngeren. Drittens, der Diskurs mit Kunden bringt ebenfalls Beurteilungskompetenz, allerdings ist dies nicht immer möglich. Alle Beratertätigkeiten sind der Gefahr ausgesetzt, zunächst eine lange Debatte zu initiieren, ob überhaupt ein Fehler vorliegt.

SJS Die Genauigkeit technischer Grenzwerte steht Euch nicht zur Verfügung. Ich bin neugierig zu hören, wie Ihr dies löst?

WS Wir investieren Zeit in eine Konsensbildung über das, was wir für Fehler halten. An diesem Prozess sind alle Berater beteiligt, und hieraus resultieren entsprechende Verpflichtungen. Diesen Prozess würde ich tendenziell eine disziplinierte Theaterprobe und nicht kreatives Hüpfen auf der Bühne nennen.

SJS Mit welchen Fehlern seid Ihr im Sachverständigenrat des DBVC konfrontiert?

WS Nicht einlösbare Heilsversprechen, geistige Nähe zu Sekten, die Praxis obskurer Gemeinschaften; Differenzen hinsichtlich der Vertragsgestaltung, aber auch Unklarheiten in Dreiecksverträgen sind zu nennen. Auch das Geschäftsgebaren und mangelnde berufliche Distanz sind Gründe für Klagen. In diesen Fällen verfügen wir durchaus über eine gewisse Interpretationssicherheit, ob Grenzen überschritten worden sind.

SJS Welche Prozesse machen Euch Sorgen?

WS Wenn Ziele nicht erreicht werden, wenn die Kunden Prozesse abbrechen und eine höfliche Erklärung anbieten. Es ist eine permanente Auseinandersetzung mit der Frage: Habe ich richtig gehandelt? Argumente wie: Die Kunden sind autonome Wesen, oder unterstellte Kontingenz mögen in der Theorie richtig sein, aber sie dürfen kein Alibi sein, um eine kritische Selbstreflexion zu vermeiden. An dieser Stelle sehne ich mich nach archimedischen Punkten, einfachen Wahrheiten und einer stabilen Grenze zwischen richtig und falsch.

SJS Von dieser Sehnsucht werden Dich weder Philosophen noch Wissenschaftler erlösen können. Ich beschreibe diese Situation als Endgültigkeit der Vorläufigkeit (Schmidt 2017) und beharre darauf, dass dies keine verzweifelte, sondern eine tröstliche Formel ist. Ohne diese Sehnsucht würden wir aufgeben. Wenn wir sie akzeptieren, tun wir das einzig Sinnvolle: Wir versuchen das Unmögliche.

Aber kommen wir zurück zu unserem Dialog. Wir haben in vielen Gesprächen über Theorie und Praxis gesprochen. Und darüber, um es ganz kurz zusammenzufassen, dass es keine Praxis ohne Theorie gibt und keine Theorie ohne Praxis.

WS Das ist eine interessante Behauptung, die mich immer wieder verwirrt. Wenn ich lange genug darüber nachdenke, akzeptiere ich sie. Aber mir bleiben meistens mehr Fragen als am

Anfang. Ich kann doch einfach ein Praktiker sein, vielleicht nicht gerade ein Business- Coach. Ein Beispiel: Du weißt, ich bin handwerklich dazu in der Lage, bedingt durch meinen früheren Beruf, Süßspeisen herzustellen. Ich könnte ein bisschen betrunken sein, könnte nebenbei auch Musik hören, könnte auch über Theorien von SJS nachdenken, den Zucker würde dies relativ wenig stören. Es gibt vielleicht Rezepte und so etwas wie Praxiserfahrung und Handfertigkeiten; aber Theorien zur Herstellung eines Omelettes surprise gibt es nicht. Ich frage den Philosophen, den Hochschulprofessor: Reicht das nicht, dass Ihr für uns denkt, Theorien produziert, Studenten ausbildet, Euch für Studenten engagiert, den akademischen Nachwuchs fördert, und im Gegenzug dürfen Praktiker tun, was sie am besten können? Wenn Du Omelette surprise herstellen willst, oder ich im Gegenzug Deine Bücher lese, steht uns das ja frei. Ist es nicht die jeweilige Kernkompetenz, das was uns hilft? Wozu braucht ihr Theoretiker noch Praxis?

SJS Wie immer kommt es darauf an, wie man die Begriffe, mit denen man um sich wirft, versteht. Also gehen wir noch mal auf Deine Patisserie – Erfahrungen ein. Die Ausbildung, die Du als Patissier gemacht hast, vermittelt Dir die Theorie der Süßwarenproduktion.

WS Eine Theorie der Süßwarenproduktion, die das Wort verdient hat, kenne ich nicht, oder meinst Du so Formate wie Lebensmittelkunde?

SJS Zum Beispiel Lebensmittelkunde, dann aber auch Anweisungen, wie die Abläufe zu terminieren sind, wie man die Ergebnisse beurteilt usw. Das ist sozusagen die offensichtlich praxisorientierte Theorie. Du hast die Philosophie angesprochen, da ist die Situation insofern anders, als sehr viele Theoretiker keinen Gedanken daran verschwenden, was Praxis für sie bedeutet. Dabei ist die Entwicklung einer Theorie immer auch eine bestimmte wissenschaftliche oder philosophische Praxis. Und zwar Praxis in verschiedenen Hinsichten. Der Wissenschaftler übt seinen Beruf aus (Berufspraxis), und die Ergebnisse

der Berufsausübung beeinflussen (mehr oder weniger) die Praxis
seiner Kollegen und aller Leute, die seine Theorien anwenden.

WS Die Konstruktion einer Theorie, ist dies Deine Praxis?

SJS Das ist die Praxis des Theoretikers.

WS Also noch mal einmal nachgefragt. Ich würde mich z. B.
nicht in der Lage sehen, gute Theorien zu konstruieren. Ich habe
das nicht gelernt, das ist nicht meine Kernkompetenz, d. h. mir
fehlt die Praxis für den Theoretiker. Wenn ich Deiner Argumentation folge, würde dies aber bedeuten, Theorie kann auch etwas
so Simples wie die Erklärung der Herstellung von Omelette surprise bedeuten. Dies wäre immerhin eine elegante Erklärung,
warum ca. 90 % der Rezepte der Kochbücher mangelhaft sind

SJS Ja. Ein zweiter Aspekt ist, wenn ich jetzt versuche,
diese Theorie zu konkreten Problemlösungen zu verwerten.
Dann komme ich in einen anderen Bereich von Praxis, in die
Anwendungspraxis, also nicht die Herstellungs-, sondern die
Anwendungspraxis. Beides ist nicht zu trennen, also in beiden
Fällen ist das Verhältnis Theorie – Praxis nicht zu trennen. Es
hat nur eine andere, wie soll ich sagen, eine andere systemische
Ausgestaltung. Es gibt hervorragende Theoretiker, die wissen
wie man Theorien baut, andere wissen das nicht. Man muss sich
darüber im Klaren sein, dass wir in all unseren Praxen sehr viel
mehr Theorie im Hintergrund in Form von Annahmen, Hypothesen, Überzeugungen usw. einsetzen, als wir normalerweise
denken und denken müssten. Da wir nichts voraussetzungslos
machen können, impliziert das schon von der Argumentation
her, dass es keine Praxis ohne eine vorhergehende Theorie im
weiteren Sinne gibt: Und dies mag implizit oder explizit be-
bzw. gewusst sein.

WS Heißt das, ich bin auch ein bisschen daran gescheitert, einen
zu engen Theoriebegriff zu haben? Du benutzt, wenn ich das richtig verstehe, einen umfassenderen Theoriebegriff. Ich habe für
Business-Coaching eine Dreiteilung. Erstens formulieren wir eine

paradigmatische Vorstellung von dem, was wir unter Kommunikation verstehen. Eine Stufe tiefer geht es um *Kommunikation der Praxis,* und eine Stufe tiefer käme dann *Beratungskommunikation* (Schwertl 2016).

SJS Wenn man den Theoretikern vorwirft, sie seien praxisblind oder irrelevant für Praxis, dann vermischt man die notwendigen Begriffsunterscheidungen. Es gibt Praxen und es gibt Theorien. Es gibt nicht *die* Theorie und *die* Praxis. Wie gesagt, es gibt einmal den Bereich der Voraussetzungen, ohne den ich überhaupt keine theoretischen Überlegungen anstellen kann. Dann kommt der Bereich der Theorieentwicklung. Der fußt auf vorhergehenden Voraussetzungen und Theorieentwicklungen und dient mir als Praxis, an die ich anschließe. Das ist die Praxis der Theorie. Wenn z. B. Hegel auf Kant aufbaut, dann ist Kant die Praxis für die Theorieentwicklung der Hegelschen Philosophie. Noch einmal anders argumentiert: Es geht in unserer alltäglichen wie wissenschaftlichen oder philosophischen Aktivitäten darum, simple bis raffinierte Probleme zu lösen. Diese Probleme zeigen sich in unserer Handlungspraxis: Bisherige Handlungsmuster versagen, bisherige Theorieanwendungen sind/werden erfolglos. Mit anderen Worten, Praxen wie Theorien scheitern. Wir brauchen neue Theorien, deren Anwendung unsere Praxen verbessern, also unsere Probleme lösen. Anders gesagt: Die Praxis einer neuen Theorieentwicklung verbessert die Theorie einer neuen Praxis. – So einfach kompliziert sehe ich das.

Literatur

Schmidt, S. J. (2017). *Geschichten und Diskurse 2017* (2. Aufl.). Berlin: LIT Verlag.
Schwertl, W. (2016). *Kommunikative Kompetenz im Business-Coaching.* Wiesbaden: Springer.

Unternehmenskultur als Problemlösungsprogramm

4

Zusammenfassung

Unternehmenskultur wird als Programm für Problemlösungsprozesse in alltäglich gelebten Entscheidung in Bezug auf fünf Dimensionen modelliert:

- Umwelten und alle darin wichtigen Gegebenheiten und Ressourcen;
- Aktanten in der Umwelt, die als Interaktionspartner eine Rolle spielen;
- Vergesellschaftungsformen, also geregelte Handlungsmöglichkeiten bzw. -beschränkungen;
- Emotionen;
- moralische Orientierungen.

Jedes Unternehmen muss ein Programm entwickeln und realisieren, wie das Handeln und Kommunizieren im Rahmen dieser Dimensionen verbindlich realisiert und bewertet wird. Dieses Programm wird als Unternehmenskultur bezeichnet. Unternehmens*philosophie* ist dagegen das, was viele Berater Unternehmen als sogenanntes *Leitbild* anbieten und was dann in den berüchtigten Hochglanzbroschüren erscheint.

© Springer Fachmedien Wiesbaden GmbH, ein Teil von Springer Nature 2019
S. J. Schmidt und W. Schwertl, *Business-Coach trifft Philosophen*,
https://doi.org/10.1007/978-3-658-22732-6_4

31

SJS Kommen wir zu einem zentralen Thema unserer Überlegungen, zum Thema *Unternehmenskultur.* Jedes Unternehmen
hat notwendiger Weise eine Unternehmenskultur. Denn es muss
das für das Unternehmen faktisch zugrunde gelegte Wirklich-
keitsmodell in seinem Sinne realisieren. Wirklichkeitsmodelle –
ob für Unternehmen oder Gesamtgesellschaften – umfassen fünf
Dimensionen:

- Umwelten, alle darin wichtigen Gegebenheiten und Ressourcen;
- Aktanten in der Umwelt, die als Interaktionspartner eine Rolle
  spielen;
- Vergesellschaftungsformen, also geregelte Handlungsmöglichkeiten bzw. -beschränkungen;
- Emotionen;
- moralische Orientierungen.

Jedes Unternehmen muss ein Programm entwickeln und realisieren,
wie diese Dimensionen verbindlich realisiert und bewertet werden.
Und dieses Programm bezeichne ich als Unternehmenskultur.

WS Die größten Probleme habe ich bei diesem Konzept mit der
Dimension *Emotion.* Natürlich könnte man eine Skala erstellen
wie weit eine Tätigkeit Emotionen erlaubt oder auch nicht, von
Astronauten bis zu Psychotherapeuten. Aber was hilft uns diese
diagnostische Aussage? Der zweite Teil der Frage ist generel-
ler: Mir erscheint die Hervorhebung von Emotion häufig als ein
modisches Lippenbekenntnis. Auch auf die Gefahr hin, mich als
hoffnungslos unmodern zu outen: Sind nicht kognitive Fähigkeiten wie Disziplin oder passende Kommunikationsmuster für
Organisationen mindestens genauso wichtig?

SJS Wenn ich die fünf Dimensionen von Wirklichkeits-
modellen – darunter Emotionen – spezifiziere, geht es noch
keineswegs um deren *Gewichtung,* also etwa um die Priorisie-
rung von Emotionen. Es geht vielmehr darum zu betonen, dass
diese fünf Dimensionen das Modell konstituieren, und dass
diese Dimensionen notwendig miteinander verbunden sind.
Soll heißen: Es gibt keine Konzeption von Umwelt, Aktanten,

Vergesellschaftungsformen oder Wertorientierungen ohne emotionale Besetzung oder Prägung, wobei sich erst im konkreten Einzelfall bestimmen lässt, wie diese emotionale Prägung jeweils spezifisch bestimmt ist. Es geht also bei allen unseren Aktivitäten nicht um die Frage, *ob* sie emotional geprägt sind oder nicht. Es geht darum, *welche* Emotionen in welchem Maße bestimmend sind.

WS Kommen wir zurück zu der Frage, wie sich Unternehmenskultur beobachten lässt, wie sie tägliche Praxis in Unternehmen bestimmt.

SJS Soweit ich sehe, gibt es hier viele Missverständnisse. Unternehmenskultur heißt nicht, dass ich als Manager von morgens bis abends im Betrieb umherlaufe und meine Unternehmenskultur predige. Es heißt auch nicht, dass alle in der Kommunikation gleichberechtigt sind. Aber es muss im Unternehmen klar sein, wie die Mitarbeiter nach innen und außen kommunizieren, welche emotionalen und moralischen Einstellungen sie leben, und wie die Organisation funktioniert. Organisation oder Institutionalisierung heißt: Einschränkung von Möglichkeiten. Diesen Einschränkungen müssen sich die Individuen unterwerfen, und das wird nur dann produktiv, wenn sie sich freiwillig und aus Überzeugung unterwerfen. Ich unterscheide daher deutlich zwischen Unternehmenskultur und Unternehmensphilosophie. Unternehmensphilosophie ist in der Regel das, was viele Berater Unternehmen als sogenanntes *Leitbild* anbieten und was dann in den berüchtigten Hochglanzbroschüren erscheint. Dagegen ist Unternehmenskultur die tägliche gelebte Entscheidung in den fünf Dimensionen des Wirklichkeitsmodells: Umwelt, Menschenbild, Organisation, Emotion und moralische Orientierung. Unternehmenskultur ist das faktisch *realisierte* Problemlösungsinstrument von Unternehmen. Aus diesen Überlegungen ziehe ich folgende Konsequenz: Die wichtigste Aufgabe eines Business-Coaches besteht darin, in der Kommunikation mit dem/den Kunden klar zu machen, wie die Unternehmenskultur des/der Kunden beschaffen ist und in welcher Weise sie praktisch gelebt wird. Der Kunde soll in die Lage versetzt werden, die *Praxis* seiner Unternehmenskultur beobachten und bewerten zu lernen. Erst als kompetenter Beobachter dieser Praxis wird er sich in die Lage versetzen können zu beurteilen, was an seinem Problemlösungsprogramm verbessert werden muss und wie das bewerkstelligt und im Unternehmen erfolgreich und überzeugend kommuniziert werden kann. Das verstehe ich unter Hilfe zur Selbsthilfe: den Kunden zu einem verantwortungsbewussten Beobachter zweiter Ordnung zu machen. Anders gesagt: Der Coach vermittelt Orientierungs-Orientierungen.

Moral predigen ist schwer,
Moral begründen unmöglich
(L. Wittgenstein).

Es würde viel.
weniger Böses auf Erden geben,
wenn das Böse niemals im Namen.
des Guten getan werden könnte
(Maria von Ebner – Eschenbach).

Zusammenfassung

Moralische Orientierungen sind in einer Zivilgesellschaft für jeden Aktanten unverzichtbar und unvermeidbar. Problematisch ist es aber, wenn moralische Prinzipien ständig zum Inhalt von Kommunikation gemacht und Forderungen an andere gestellt werden, die eigenen Prinzipien zu übernehmen. Wenn moralische Urteile kommuniziert werden, entsteht der Verdacht, dass andere und zum Teil weniger moralische Absichten dahinterstecken. Moralische Orientierungen beinhalten kognitive, kommunikative und normative Komponenten, die unterschiedlich gewichtet werden können.

© Springer Fachmedien Wiesbaden GmbH, ein Teil von Springer Nature 2019
S. J. Schmidt und W. Schwertl, *Business-Coach trifft Philosophen*,
https://doi.org/10.1007/978-3-658-22732-6_5

SJS Wessen Diener sind Coaches?

WS Nur um keine Kollegen abzuschrecken, wir sind natürlich keine Diener, sondern die hohen Priester unserer Selbstherrlichkeit.

Eine schnelle und einfache Antwort könnte, wie schon oft zitiert, wie folgt lauten: *Des Brot ich ess, des Lied ich sing.* Bezahlt uns ein Kunde direkt, so dienen wir ihm. Bezahlt uns die Organisation, was im Business-Coaching häufig der Fall ist, dienen wir zwei Herren oder Damen. Wir nennen dies Dreiecksverträge (siehe Glossar) und selbstverständlich können erfahrene Profis dies transparent darstellen und handhaben. Wir arbeiten mit Hypothesen im Sinne von einstweiligen Annahmen darüber, wer wem dient. Große Sorgfalt in der Abstimmung der Aufträge und der Mut, bei Bedarf Aufträge zu verweigern, sind hier unverzichtbar. Dies ist eine der großen Herausforderungen. Vielleicht dient der Kunde auf subtile Weise dem Wunschbild des Coaches. Lässt man sich z. B. im Rahmen der Ausbildung Beratungsprozesse genau darlegen, kann man immer wieder Versuche entdecken, Kunden nach den Vorstellungen des Beraters zu *erziehen*. Gerade in Prozessen, die zu misslingen drohten, war oft der erhobene pädagogische Zeigefinger allzu deutlich sichtbar. Die Vorstellung, der Kunde sollte sich an mir orientieren usw., bietet so große narzisstische Befriedigung, dass sie zu oft verführerisch wirkt.

SJS Hast ein Beispiel?

WS Über Empfehlung meldete sich ein Unternehmer bei uns. Er präsentierte, was man verdichtet eine ernsthafte Sinnkrise nennen würde. Von seiner Ausformung des Anliegens könnte man es als psychotherapeutisches Thema aber auch als Business- Coaching Thema einordnen. Er war sehr ernsthaft auf der Suche nach einem anderen Lebensstil. Als es an die Umsetzung ging, trennten sich unsere Wege. Er verschwand. Die Ideen die wir entwickelten, waren vielleicht für ihn nicht passend, zu weitreichend, oder es war der falsche Zeitpunkt. Vielleicht war die Ernsthaftigkeit nur von kurzer Dauer usw. Ich weiß es nicht und ich kann ihn nicht mehr fragen. Gerne hätte ich überprüft, ob ich sein Anliegen ausreichend verstanden habe.

SJS Sind Business-Coaches häufig Umsetzer des Willens der Organisation?

WS Business-Coaches, die entsprechend gehandelt werden, erzielen respektable Honorarsätze. Ich bekenne mich dazu, in gewissen Grenzen ein Dienstleister der Organisation zu sein. Im Wort Dienstleistung ist das Wort *dienen* enthalten. Soweit könnte man damit durchaus widerspruchsarm umgehen, es fragt sich nur, warum man diesen Umstand mit Girlanden höherer Werte versieht. *Wir machen die Welt besser,* lautet eine der ständig gemurmelten Suren. Was würde passieren, wenn wir die ökonomische und narzisstische Gratifikation unserer Tätigkeit ohne Verschleierung einräumen würden – Punkt! Die Frage wirkt wie eine Provokation, ist aber nur der Versuch zu sagen: Wer sich diesen Fragen nicht stellt und sie für sich beantwortet, läuft Gefahr, wenig erfolgreich zu sein. Mit Vorsicht formuliert: Wenn wir Beratungsprozesse (Staubach 2007) als CO- Produktion modellieren, aus Gründen der Kontingenz uns nicht als Besitzer der Wahrheit verstehen, bleibt letztlich der Kunde als Referenzgröße.

SJS Wie handhabt ihr Anfechtungen?

WS Der *Hofnarr* (siehe Glossar) ist eine interessante Metapher für das, was wir tun. Vergleichbar dem Hofnarren sind wir Coaches Verführungen ausgesetzt. Natürlich predigen wir Enthaltsamkeit jeder Art. Vergleichbares gilt für psychotherapeutische Prozesse. Allerdings existiert in der Regel durch das Setting und eine wesentlich längere Ausbildung für die Dienstleistung Psychotherapie eine stabilere Schutzzone. Im Business-Coaching gibt es mehr Verführungsrisiken: Die Eintrittskarte für die Sportveranstaltung oder Sonderkonditionen für die Produkte der Kunden sind nur zwei Beispiele. Wie Bälle in der Luft haltend stellen wir uns immer wieder solche Fragen. Wenn es einfache aber unvermeidliche und diskrete Regelverletzungen sind, wie sollen wir damit umgehen? Moralische Empörung oder einen resignierenden Hinweis auf menschliche Schwächen zeigen, was wäre ein guter Weg? Obwohl in den vertrauten Disziplinen wie Sozialwissenschaften, Psychologie oder Psychiatrie eine Vielzahl an Diskursen unter dem Stichwort *Werte* existiert, entstehen immer wieder neue Fragen, und es gibt immer weniger befriedigende Antworten. Manchmal habe ich das Gefühl, je mehr nach Moral gerufen wird, desto mehr Leichen sind im Keller. Vielleicht hilft die Philosophie weiter? Wir benötigen gerade im Lichte der Notwendigkeit, mit Kontingenz umzugehen, mehr denn je theoretische Orientierung und moralische Verbindlichkeit!

Aber zurück zu ein paar pragmatischen Antworten. Wenn offensichtliche Verfehlungen vorliegen, gibt es definierte Prozesse der Interessensverbände, meistens Ethikkommissionen genannt. Es gibt Regelverletzungen, die auch strafrechtlich verfolgt werden. In meiner Berufswelt gibt es unendlich viel Geschwätz und moralische Zeigefinger. Ich hadere oft damit. *Eine bessere Welt gibt es nicht auf Bestellung* ist einer der letzten Sätze Deines Theorieentwurfes über Moral. Er hat etwas Beruhigendes; denn es würde ansonsten wohl gnadenlose und höchst unmoralische Auseinandersetzungen um die richtige Weltbestellung geben. Erlaube mir eine Metapher: Du erklärst Phänomene des Kochens als *life Performance,* aber ich bin eine Art Küchenaufräumer. Ich sehe die Kolleginnen und Kollegen *Welterklärer* vor meinem geistigen Auge die Nase rümpfen, ob dieser Einfachbeschreibung unseres Tuns. Um ein leicht verändertes Zitat von Dir zu kolportieren: *Wer seine Küche aufräumt, braucht keine ethischen Diskurse.* Trotzdem, und dies ist ein großer Widerspruch, brauchen wir als Praktiker die Unterstützung der Philosophie, wir brauchen diese Reflexionen, wir brauchen Orientierung; denn wir operieren im Modus von Kommunikation. Es ist meine Hoffnung, die Definitionsmacht simpler technokratischer Machbarkeit und das Diktat der Ökonomie durch geistige Orientierung zu begrenzen. Aber das ist fast moralisch.

Wenn wir über Moral und Ethik einen Dialog führen wollen, müssen wir uns darüber verständigen, was dies einschließt, besser formuliert, was diese Begriffe für uns bedeuten. Ich habe gelernt, und Du hast mindestens nicht widersprochen, dass es nicht ganz abwegig ist, moralische Orientierung als eine *Grenzziehung zwischen Gut und Böse* zu begreifen. Als Business-Coach ein ehrbarer Kaufmann zu sein, wäre gut, ein Worthülsenverkäufer zu sein und nicht leistbare Versprechen abzugeben, wäre böse. Dialoge über die Sinnhaftigkeit dieser Grenzziehungen werden dann in der Tradition Luhmanns als *Ethik* bezeichnet. Wenn Du mir zustimmst, wird uns diese Begriffsdefinition einige Konsequenzen und entsprechende Fragen bescheren. Provokativ und fragend in den Raum gestellt: Was sollen wir tun, wenn simple moralische Verdammung als ethischer Dialog geadelt wird? Beobachten? Innerlich lächeln? Oder den Versuch machen, Begriffe zu klären? Ich weiß es nicht! Einstweilen bemühe ich mich um Gelassenheit.

SJS Du sprichst mit Deiner Frage eine grundsätzliche Problematik an. Wenn man versucht, gegen eine als ethischer Dialog getarnte Behauptung zu argumentieren, läuft man Gefahr, sich dem Vorwurf der Lächerlichkeit und Unterlegenheit einerseits oder der Besserwisserei andererseits auszusetzen. Schweigen wäre aber ebenso fatal. Mein Vorschlag wäre, die Frage zu verfolgen, was passieren würde, wenn alle so handeln würden, wie der Vertreter der Behauptung, wenn sie also den ethischen, sprich Universalanspruch seiner Behauptung akzeptieren würden? Immerhin hat Immanuel Kant diesen Vorschlag ausgearbeitet.

WS Moral wird in Kontexten, oder wie Du es nennst, in Geschichten prozessiert. Dies erklärt, warum der Tyrannenmord manchmal anders bewertet wird als ein Mord aus niedrigen Beweggründen. Überlebt der Tyrann den Tötungsversuch, wird der Versuch moralisch verurteilt und der Täter gehängt (siehe Attentate auf Hitler). Stirbt der Tyrann, hat der Täter eine gute Chance, als Freiheitskämpfer geadelt zu werden. Jeder ethische Diskurs scheint dagegen tendenziell nach Kontextunabhängigkeit zu streben, d. h. immer und überall mit generellem Gültigkeitsanspruch versehen zu werden. Du hast mit Recht

als Beispiel auf den Diskurs des Exports der Menschenrechte
westlicher Prägung hingewiesen. Moralische Urteile hingegen
bezeichnen einen spezifischen Dialog oder Diskurs. Die Unterscheidung in moralische Urteile wie gut/böse versus Diskurse
über ethische Fragen scheint mir wichtig und sehr hilfreich zu
sein. Stimmst Du zu?

SJS Voll und ganz!

WS Wir verwenden Begriffe wie *gut oder böse* als Bezeichnungen,
die Beobachter für das Beobachtete verwenden. Um damit die
bekannte ontologische Falle zu vermeiden, *sind* Handlungen im
Sinne von Eigenschaften nicht gut oder böse, sondern wir als
Beobachter *bezeichnen* sie als gut oder böse. Von Kontingenz ist
dabei auszugehen: Denn wir könnten das Beobachtete auch anders
bezeichnen. Dies hat zur Konsequenz: Wenn wir ein moralisches
Urteil abgeben, sind wir als Beobachter dafür verantwortlich und
können uns nicht mehr auf imaginäre objektive Erkenntnis, die wir
nur kundtun, berufen. Verantwortlich für meine Grenzziehungen,
also für meine Hervorbringungen als Beobachter, beinhaltet nach
meinem Verständnis eine moralische Position. Dies bedeutet, wer
ein Urteil fällt, muss die Verantwortung dafür übernehmen. Hierzu
gibt es übrigens bereits Hinweise in der Bibel.

SJS Hast Du Beispiele?

WS Ich bin nicht sehr bibelfest, aber dem Kollegen Webers
habe ich drei Beispiele zu verdanken.

1. Richtet nicht, auf dass ihr nicht gerichtet werdet (Römer 2.1).
   Denn mit welcherlei Gericht ihr richtet, werdet ihr gerichtet
   werden (Korinther 4.5).
2. Was siehst du aber den Splitter in deines Bruders Auge und
   wirst nicht gewahr des Balkens in deinem Auge.
3. Das dritte Zitat mag ich sehr: Wer unter euch ohne Sünde ist,
   der werfe den ersten Stein auf sie (Johannes 8.7).

Soweit wäre dies erfreulich deutlich. Natürlich gibt es Notaus-
gänge, sich der Verantwortung zu entziehen. Ich könnte mich
z. B. im Sinne eines vulgären Konstruktivismus auf die Freiheit
meiner Konstruktionen berufen, technokratisch auf Fakten ver-
weisen, auf die Intensität meiner Gefühle pochen oder die Dinge
als alternativlos erklären. Diese Manöver erfreuen sich ja durchaus wachsender Beliebtheit. Du sprichst davon, ein moralisches
Urteil zu fällen, schließe die Möglichkeit ein, ein solches Urteil
gedanklich zu fällen, ohne es zu kommunizieren?

SJS Ich habe bei Mieth (2004) eine Definition von Ethik als
Nachdenklichkeit über Moral gefunden. Dies kann auch ohne
Kommunikation geschehen. Antworten auf diese Fragen schei-
nen mir durchaus folgenreich zu sein. Verantwortlichkeit ist
m. E. unvermeidbar wegen der, wie Du ja schon ausgeführt hast,
Kontingenz all unseres Handelns. Die Frage, ob moralische
Urteile nur gedanklich und ohne kommuniziert zu werden möglich sind, beantworte ich wie folgt: Moralische Einstellungen,
Urteile und dgl. sind – wie auch Emotionen – strukturelle
bzw. intrinsische Attraktoren all unserer Gedanken, Gefühle,
Bewertungen usw. Werden sie kommuniziert, was ja keineswegs immer geschieht, werden sie zu Bestandteilen moralischer
Diskurse, in denen in der Regel unterstellt wird, dass wir auch
denken, was wir sagen. Dies ist eine der größten Voraussetzungslasten von Kommunikation.

WS Dies würde bedeuten: Ob kommuniziert oder nicht, erkenn-
bar oder versteckt wirken moralische Orientierungen als Attraktoren?

SJS Unter Beachtung von Kontingenz stimme ich zu.

WS Du führst aus, dass in dieser Grenzziehung gut/böse oder
moralisch/unmoralisch immer Achtung des Guten und Ächtung
des Bösen mit prozessiert wird. Daraus entsteht für Coaching-
Prozesse eine interessante Frage: Wenn Business-Coaches, was
diese sehr gerne tun, mehr oder weniger offen moralische Urteile

fällen, operieren sie mit Achtung und Ächtung. In aller Schärfe formuliert bedeutet es, der moralische Zeigefinger und das moralische Verdikt sind meist eine Ächtung der beobachteten Handlung oder Kommunikation, mindestens eine nicht erbetene Belehrung. Getarnt und verschleiert verkauft man dies als Feedback. Das moralische Urteil stellt dann, ungebeten und nicht verantwortet, Menschen an den Pranger. Denn allzu häufig werden nicht Handlungen, sondern Personen verurteilt. Gianfranco Cecchin (1993) führte einmal aus: *Ich habe Respekt vor Menschen, aber nicht immer vor ihrem Tun.*

Solltest Du dem zustimmen, würde ich verschärfend ergänzen, dass damit eigentlich nur allzu oft kein Fachdiskurs, sondern eine Ächtung vollzogen wird. Problematisch ist auch die täglich zu beobachtende Forderung, jeglicher Kommunikationsakt müsse *wertschätzend* sein. Wenn diese Forderung in der Coaching-Ausbildung allzu sehr dominiert, stelle ich immer eine einfache Frage. Wertschätzend, so verstehe ich den Begriff, kommt von: *den Wert von Etwas schätzen.* Wenn aber alles Beobachtete Wert zu schätzen ist, hebt sich der Begriff auf. Unter Hinweis auf Bateson erkläre ich den Ausbildungsteilnehmern, wenn alle Handlungen und Kommunikationen Wertschätzung erfahren, verliert das Attribut seine Bedeutung, und damit gibt es keine Wertschätzung. Manchmal entsteht tatsächlich eine gewisse Nachdenklichkeit und mehr Vorsicht gegenüber solchen Forderungen. Aber man läuft dann wiederum Gefahr, wie ein Besserwisser zu wirken. Ich behaupte – und Watzlawick und Bateson würden mir wahrscheinlich zustimmen –, eine Folge intensiver Beschäftigung mit komplexen selbstreferenziellen Systemen führt letztlich zu einem Gebot der Toleranz. In Deinen letzten Publikationen lese ich mehrfach die Forderung, Kontingenz ernst zu nehmen. In dieser Forderung steckt für mich ebenfalls ein Gebot von Toleranz. Mir hilft immer wieder ein Zitatfragment von Walter Kempowski, den moralischen Gestus zu zähmen und sich mehr in Toleranz zu üben.

Den Guten, die immer auch ein wenig böse sind, und den Bösen, die auch von einer Mutter geboren wurden, habe ich zugehört. Verstehe ich diesen Aspekt von Kontingenz in Deinem Sinne?

SJS Zunächst ein Einwand zu Wertschätzung: Du sagst, wenn alles Beobachten Wert zu schätzen ist, hebt sich der Begriff auf. Ich habe argumentiert, dass alle unsere Bewusstseinsoperationen von vier Attraktoren bestimmt sind, und einer der Attraktoren ist Moral. Dieser Attraktor läuft bei allen Beobachtungen – meist impliziert – mit und muss thematisiert werden, wenn er in anschließenden Handlungen und Kommunikationen als Orientierung eine Rolle spielen soll. Wertschätzung kann deshalb interpretiert werden als unvermeidliche mitlaufende Bewertung unabhängig davon, ob sie positiv oder negativ ist. Moralische Urteile im Coaching sind problematisch, wenn sie nicht diskursiv eingesetzt werden. Soll heißen: Sie müssen explizit argumentiert werden, um ihre Kontingenz zu verdeutlichen. Sinn dieses Manövers ist es: Alternativen sichtbar werden zu lassen, die Begründungspflicht sowie die Verantwortlichkeit für moralische Urteile einzufordern, und auf *Toleranz als Konsequenz von Kontingenz* zu bestehen. So wird eine Nachvollziehbarkeit und Beurteilbarkeit des eigenen Handelns möglich.

WS Der beobachtbare Zuwachs an ethischen Diskursen in unserer Gesellschaft – Du warst ja auch mit J. Tropp als Herausgeber eines Buches über die Moral von Unternehmenskommunikation (S. J. Schmidt und J. Tropp 2009) tätig – könnte mich ja freuen; aber leider werde ich einen bestimmten Verdacht nicht los. Ich formuliere ihn in mir möglicher Schärfe: Wenn eine konkrete moralische Grenzziehung wenig Achtung aber viel Ächtung meint, würde sie letztlich mehr über den moralisierenden Beobachter aussagen. Daher wird sie eben als scheinbar beobachterunabhängige Ethik getarnt. Die Gleichung lautet: Viel Gerede über Moral, hochtrabend Ethik genannt, ergibt viel Ächtung. Hier drängt sich die Frage auf: Wie gehe ich damit um, wenn durchsichtige Ächtung, also eine strikte Einteilung in *gut und böse,* als ethischer Dialog stilisiert wird? Immerhin: Ein Beobachter zu sein, der in *gut und böse* einteilt und dies unwidersprochen tun darf, ist auch jemand. Hier laufe ich Gefahr, mich selbst in ein klassisches Dilemma hinein zu manövrieren. Argumentiere ich dagegen, wie ich es gerade getan habe, laufe ich in die selbst gelegte Falle und moralisiere. Ignoriere ich diese Selbststilisierung, ist es auch nicht viel besser. Ich vermute, dass diese sprachlichen Nebelkerzen nur den Wunsch kaschieren, auch ein bisschen Definitionsmacht besitzen zu wollen. Mich verführt dies immer wieder dazu, über Unmoral und Moral zu sprechen. Konsequent in der eigenen Inkonsequenz verharrend, würde ich hierzu gerne schweigen. Dies halte ich auch weitgehend für praktikabel. Kann man über Moral sprechen, ohne in die Falle der Ächtung zu tappen? Es ist eine der Fragen, die mich bewegen, und die ich Dir stellen will!

SJS Meine Antwort lautet kurz: Ja, man kann, aber nur im Modus des Beobachters zweiter Ordnung, der andere und sich selbst beim Reden über Moral beobachten und dadurch begleitendes Kontingenzbewusstsein einsetzen kann. Das ist sicher nicht leicht und wird selten geübt, ist aber meines Erachtens von der Logik moralischer Kommunikation her erforderlich, soll sie nicht selbstgefällig und dogmatisch werden, wie Du befürchtest.

WS Womit wir wieder bei der Beobachtung des Beobachters wären. Gelassenheit wäre ein möglicher Ausweg. Nochmals am Beispiel der ehrbaren Kaufleute ausgeführt: Mein Ideal wäre, ein fairer und ehrbarer Kaufmann zu sein und nicht darüber zu sprechen. Solltest Du mir zustimmen, könnte am Ende unseres Dialogs stehen, lass uns tun, was wir tun und möglichst nicht Moral heischend darüber sprechen.

SJS Mir wäre folgende Unterscheidung wichtig: Handlungen und Kommunikationen kann jemand nach moralischen Prinzipien ausrichten, z. B. ich gebe keine Leistungsversprechen, die nicht einhaltbar sind. Diese Person kann dies einhalten oder auch brechen. All dies kann beobachtet werden. Moralische Orientierungspunkte sind in einer Zivilgesellschaft unverzichtbar und unvermeidbar. Moralische Prinzipien aber ständig zum

Inhalt von Kommunikation zu machen und Forderungen an
andere zu stellen, ist jedoch ein zu hinterfragender Vorgang. Aus
meiner Sicht sind der urteilende Zeigefinger und das ungebetene
Urteil eine Selbstüberhöhung. *Ich, der ich über den Dingen
stehe, habe das Recht, zu richten.* Wenn moralische Urteile kommuniziert werden und durch Sprache in die Welt geraten, entsteht der Verdacht, dass andere und zum Teil weniger moralische
Absichten dahinterstecken.

WS Politiker sind dafür ein gutes Beispiel – bei Bedarf wird
moralisch argumentiert. Ich glaube z. B. nicht an die Erklärung
des sprachlichen Monsters *Politikverdrossenheit,* sondern an den
Überdruss, dass Verbindlichkeit durch unverbindliche Moral-
kommunikationen ersetzt wird und das notwendige Vertrauen
erodiert. Natürlich: Erziehungsinstanzen wie Eltern, die als Aufgabe zu erziehen haben, Hüter von Regeln zu sein, müssen Achtung und Ächtung setzen. Allerdings sind dies Beauftragte und
nicht Selbsternannte. Auch Dialoge über ethische Fragen akzeptiere ich als Ausnahme. Voraussetzung ist für mich allerdings
Egalität, Akzeptanz von Kontingenz und Vertrauen. Ich weigere
mich, ein Untertan von nicht gerechtfertigten fremden Moralvorstellungen zu sein – aber dabei nehme ich für mich in Anspruch
zu wissen, was gerechtfertigte Moralvorstellungen sind – und
sitze wieder in der Falle.

SJS Bezüglich deiner wiederholten Argumentation, man könne
auch ohne moralische Reflexion tun, was man will, wiederhole
ich nochmals meine Differenzierungsvorschläge:
    Moralische Orientierungen gehören als Attraktoren zur not-
wendigen systemischen Ausstattung unseres kognitiven Apparats
wie aller sozialen Wirklichkeitsmodelle. Sie können mehr oder
weniger bewusst und bewusstseinsfähig sein, aber sie stehen
strukturell nicht zur Disposition. Bewusstseinsfähige moralische
Orientierungen können in der Kommunikation wie auch immer
diskursiv verhandelt werden; Gesellschaften erfordern zu ihrem
Entstehen und Überleben moralische Orientierungen als opera-
tiven Fiktionen, die so etwas wie ein reflexives Wir-Bewusstsein
konstituieren: Das ist für uns *gut* oder *böse*.

Versuche einer Universalisierung kontingenter moralische Orientierungen können als Ethik beschrieben werden. Ihr Anspruch markiert aber zugleich ihr Scheitern an der Grundbedingung der Kontingenz.

Kurzum: Ich schlage vor, deutlich zu unterscheiden zwischen *kognitiven, kommunikativen, orientierenden und normativen* Aspekten in der Moraldebatte.

WS Wenn ich dies richtig verstanden habe, führst Du eine interessante Unterscheidung ein: Ich will dies beispielhaft übersetzen, um zu überprüfen, ob ich es verstanden habe. Kognitive Aspekte von Moral wären Denkvorgänge, paradigmatische Vorstellungen; kommunikative Aspekte wären entsprechende Inhalte von Kommunikation; orientierende Maßstäbe wären geschriebene und ungeschriebene Gesetze.

SJS Das sehe ich so.

WS Kommen wir noch einmal zum Thema Unvermeidbarkeit von Moral. Du schreibst in einer Überschrift, Moral ist unvermeidbar. Ich bin aus lebenspraktischen Gründen anderer Meinung. Ich kann auch ohne moralische Reflexion weitgehend tun, was ich tun will. Hierzu ein leicht verändertes Beispiel aus einem Coaching Interview: Ich überrede zwei Freunde, mir einen privaten Kredit für meine Firma zu geben und verspreche einen guten Zinssatz. Dann stelle ich das Unternehmen durch entsprechende Buchungen zahlungsunfähig und biete den Gläubigern eine Rückzahlung von fünfzig Prozent der Kreditsumme aus meiner Privatschatulle an. Sollten sie mit der Rückzahlung von nur fünfzig Prozent der Kreditsumme nicht einverstanden sein, bringe ich mein Unternehmen in die Insolvenz. Das mag juristisch riskant sein, aber wenn ich sorgfältig und umsichtig plane und handle, habe ich eine gute Chance, nicht bestraft zu werden. Das Risiko ist überschaubar. Ich werde dann als abgezockter Geschäftsmann geadelt. Wozu brauche ich hierfür Moral?

SJS Einspruch, Euer Ehren! Hier geht es nicht um Moral brauchen, sondern darum, dass Du in Deinem Beispielfall nach
unseren gesellschaftlichen Moralvorstellungen moralisch böse
gehandelt hast.

WS Gefeiert wie ein Held, hoch dekoriert und fürstlich bezahlt
lässt es sich gut böse sein, wäre mein Gegenargument. Falls das
Beispiel zu abwegig ist: In den großen Versicherungskonzernen
kommt es immer wieder (empirisch mehrfach gesichert) zu Ver-
sicherungsabschlüssen, die ein Nullrisiko für die Versicherer,
aber hohe Prämien für die Versicherten bedeuten. Das oft zitierte
Beispiel lautet: Menschen, die ein halbes Jahr vor der Pensionie-
rung stehen, schließen eine teure Berufsunfähigkeitsversicherung
ab. Das ist weder strafbewährt, noch sonderlich geächtet. Der
Versicherungsvertreter wird durch seine Provision belohnt und
häufig als *Held des Umsatzes* bewundert. Finanzdienstleister –
kommt man mit ihnen vertrauensvoll ins Gespräch – räumen ein,
dass das unverständliche sprachliche Kauderwelsch der Experten
gewollt und strategisch eingesetzt wird, um Kunden in Unkennt-
nis zu lassen. Ich könnte ein ganzes Buch auch über die fehlende
Moral meiner eigenen Zunft schreiben. Um Missverständnisse zu vermeiden: Gut oder böse beziehen sich auf Geschichten oder Diskurse, aber ich kann dort nicht immer moralische
Abwägungen entdecken. Aber ich räume ein, ich habe vielleicht
Deine Argumentation anders verstanden. Wir sollten dies genau
klären.

SJS Meine Antwort habe ich zu geben versucht.
   Stichwort: Strukturelle vs. pragmatische Aspekte von Moral
(siehe Glossar).
   Nur noch eine Bemerkung: Es geht nicht darum, ob man beim
Abzocken Moral braucht: Man investiert sie vielmehr faktisch
bzw. operativ, und zwar massiv! Der geschilderte Betrug in Deinem Beispiel resultiert doch aus Deiner Entscheidung für ein
moralisch inakzeptabel böses Verhalten. Daran ändert auch die
Tatsache einer fürstlichen Entlohnung nichts. Das, was Du als
fehlende Moral beschreibst, ist nicht etwa Inexistenz von Moral,

sondern vielmehr das Praktizieren einer höchst fragwürdigen
moralischen Einstellung.

WS Ich räume ein, jegliche Beweisführung ist kompliziert.
Wenn ich als Beobachter in manchen, keineswegs in allen
Geschichten und Diskursen keine moralische Orientierung
beobachten kann, könnte dies dann nur eine vorgenommene
Setzung sein. Meine alltagspraktischen Beobachtungen hindern
mich daran, diese Setzung zu akzeptieren. Wenn ich keine Hinweise auf eine moralische Orientierung sehe, weiß ich nicht, ob
sie vorhanden ist. Mich erinnert dies – was für eine Ironie – an
meine ersten Fragen, die ich Dir, damals noch in strenger Sie-
Form stellte: Ich quälte mich mit der erkenntnistheoretischen
Frage, ob man, wenn es keinerlei Hinweise auf die Alpen gibt,
Aussagen darüber machen kann, ob es die Alpen gibt oder nicht
gibt. Du hast verständnisvoll gelächelt. Deine Antwort lautete,
eine solche Frage müsse man ohne zusätzliche Prämissen als
nicht beantwortbar zurückweisen. Ich berufe mich auf Dich und
weise die Frage, gibt es Menschen, denen jegliche Vorstellungen
von gut und böse fehlen, als nicht beantwortbar zurück. Können
wir bei Menschen Moral unterstellen, auch wenn diese bei aller
Ernsthaftigkeit der Prüfung keine sehen können? Es sei denn, Du
machst eine Setzung, menschliche Existenz ist immer mit moralischen Bewertungen ausgestattet. Dies würde aber eine eigene
Diskussion über diese Setzung erfordern.

SJS Aber genau dies ist doch mein Argument: Wertorientierung –
welcher Art auch immer – gehört zu den strukturell gegebenen
nicht verhandelbaren Bedingungen all unseres Handelns. Auf die
Alpen-Frage kann ich mit C. Fr. von Weizsäcker antworten: Wenn
wir von Alpen sprechen, sprechen *wir* von Alpen. Sprechen wir
nicht von Alpen, ist von Alpen *nicht die Rede*. Es geht also um
Kommunikation, nicht um Existenz!
   Wenn wir bei bestimmten Menschen keine moralische Orientierung *beobachten,* sagt das etwas aus über unsere Beobachtung
und nicht über die Existenz solcher Orientierungen. Die Frage
ist, ob wir gute Gründe haben oder nicht, solche Existenz als Teil

unserer Beschreibung *des Menschen* anzunehmen. Wahrscheinlich haben wir gute Gründe und heute vielleicht mehr denn je.

WS Jetzt kann ich Dir besser folgen. Es geht um (Selbst)
Beobachtung und Kommunikation, nicht um Existenz oder um
die Frage, was Moral sei. Soweit verstehe ich Deine Argumentation, aber im letzten Satz machst Du eine Kehrtwendung. Ist
diese Annahme für Dich eine Art Setzung?

SJS Ja, und ich trage einige Klarstellungen zu unserer bisherigen Diskussion nach: Wie ausgeführt bin ich der Ansicht,
dass alles, was wir tun und sagen, von uns und von anderen
implizit oder explizit bewertet, also moralisch eingeschätzt wird.
Die Einschätzung erfolgt dabei auf einer Skala von gut bis böse,
wobei die Kategorien dieser Skala soziokulturell und historisch
kontingent sind.

WS Verzeih meine Hartnäckigkeit. Ich kann eine Bewertung
nach dem Prinzip, macht mich reicher oder nicht, vornehmen.
Ich verstehe dies als kaufmännische aber nicht als moralische
   Bewertung. Du bist der Ansicht, dass Menschen alles, was sie
tun oder sagen, auf einer moralischen Skala, die von gut bis böse
reicht, implizit oder explizit einschätzen. Aber wie bewerten
wir z. B. Straftäter, die ausdrücklich erklären, moralische Ein-
schätzungen hätten sie nicht vorgenommen, da sie nur von
Bedürfnisbefriedigung geleitet waren? Leider keine Erfindung:
Ein Jugendlicher – des Mordes angeklagt – erklärte wörtlich:
Ich war frustriert und wollte töten. Der Getötete lebte in meiner
Kleinstadt, und daher blieb mir die Aussage in Erinnerung. Mein
Kollege Markus Braun könnte Dir mit einer Fülle an Empirie
aus der Forensik widersprechen. Natürlich sehen wir nur bis zur
Nasenspitze und in Folge gilt Kontingenz, aber dies klärt nicht
den Widerspruch. Vermutlich bewerten Menschen mehr oder
weniger explizit ihr Tun, aber sie müssen es nicht zwingend an
Hand moralischer Kategorien tun. Kategorien wie – hilft mir:
hilft mir nicht – oder Gewinn bringend oder nicht, sind denkbar. Solche Kategorien würde ich aber nicht zwingend unter gut:
böse subsumieren. Oder siehst Du dies anders?

SJS In der Tat, Kategorien wie *Hilft-mir* oder *bringt mir Gewinn,* sind moralisch positiv besetzt für den, der sie vertritt bzw. benutzt. Die Behauptung, keine moralische Einschätzung vorgenommen zu haben, ist eine moralische Einschätzung. Was mir hilft, ist für mich gut – sonst würde ich es nicht wählen. M. E. kann man sehr wohl unterschiedliche aber nicht beliebige Werte vertreten und man kann nicht wertfrei handeln.

Diese Einschätzung, die notwendig mit Gefühlen verbunden ist, gehört zu den grundlegenden *strukturellen,* also nicht etwa zu dem beliebig wählbaren Eigenschaften unseres Tuns und Redens, und die Einschätzungskriterien gehören zu dem nur teilweise bewussten Bewertungsmechanismus, den jeder von uns im Laufe seiner Sozialisation weitgehend ohne bewussten eigenen Einfluss *praktisch* aufgebaut bzw. erworben hat und in aller Regel unbewusst bzw. ungefragt befolgt.

Die von Aktanten eingesetzten moralischen Orientierungen koppeln Handeln und Kommunizieren an das eigene Leben an, etwa im Sinne von: *So bin ich, das gehört zu mir* usw.

WS Ich stimme zu, dass Handlungen und Kommunikationen, bzw. deren Unterlassung, an die Person gebunden sind, aber diese Grenzen sind nicht immer ausreichend scharf.

Wir entwickeln gerne Erklärungen, warum bestimmte Handlungen oder Kommunikationen, die in der Kritik stehen, uns nicht zugerechnet werden können. Helmut Kohl bemühte bezüglich eines zweifelhaften Verhaltens einen oft belächelten Blackout. Ich erinnere nur an die Strafrechtsdebatte über die Schuldunfähigkeit; d. h., eine Handlung kann einer Person moralisch nicht zugerechnet werden.

SJS Wenn jemand behauptet, bestimmte Verhaltensweisen gehörten nicht zu ihm, folgt daraus im Umkehrschluss, dass Verhaltensweisen an Personen gebunden sind.

WS Einverstanden, aber die Personen müssen nicht benannt sein, es kann sich auch um eine Kohorte handeln.

SJS Das ist kein Einwand, in aller Regel geht es um Gruppen. Ich wiederhole: Es kann keine *amoralischen* (i. S. von Moralfreien) Menschen geben. Und aus eben diesem Grunde kann ich keine beliebigen moralischen Werte vertreten bzw. je nach Gusto moralisch oder amoralisch handeln; denn eine Entscheidung für Amoralität wäre wiederum eine moralische Entscheidung.

WS Sieh es mir nach, aber ich will sprachlich noch mal in die Kiste mit den groben Klötzen greifen: Meine tiefe Skepsis gegenüber Moraldiskursen, obwohl ich sie für nötig halte, entsteht durch Beliebigkeit. Bei entsprechender sprachlicher Fähigkeit kann ich mich wenden, wie ich möchte, und mein Handeln als moralisch geboten adeln. Ich bin kein Historiker, aber wahrscheinlich wurden sehr viele kriegerische Handlungen moralisch begründet. George Bushs Kampf gegen das Böse ist weder neu noch originell. Hier ließen sich historisch eine Menge Schurken aufzählen.

SJS Wenn andere Belange höher priorisiert werden als bestimmte moralische Wertvorstellungen, dann ist das eine moralische Bewertung, die Du vorgenommen hast. Noch einmal: *strukturelle* Moralität muss von *praktischer* Moralanwendung unterschieden werden.

Außerdem: Ich bin der Auffassung, dass solche Orientierungen nicht jeweils für eine Geschichte oder einen Diskurs gelten, sondern für Typen von Geschichten und Diskursen.

WS Was meinst Du mit Typen von *Geschichten und Diskursen?* Ich habe Deine Publikationen sehr aufmerksam gelesen, und ich finde sie sehr elegant und überzeugend, aber warum eine Typisierung? Meine Bedenken wären, man handelt sich wieder eine Debatte um die richtige Typeneinteilung ein. Ich habe *Geschichten und Diskurse* (S.J. Schmidt 2017) auch als Abkehr von Typisierungen und Hinwendung zu Prozessbeschreibungen verstanden. Aber vielleicht habe ich es nicht in Deinem Sinne verstanden.

SJS Der Hinweis auf Typen soll deutlich machen, dass unsere Geschichten und Diskurse keine Unikate sind – wie könnten wir sie sonst vollziehen und erfahren, sondern dass sie gesellschaftlich geprägten Mustern folgen: Schreiben, Kochen, Einkaufen bzw. wissenschaftliche, politische oder ästhetische Diskurse. Die Typisierungen sind also unserem jeweiligen Handeln vorgängig und regulieren unsere Erwartungen an Geschichten und Diskurse bestimmter Inhalte, Performanzen, Ziele usw.

WS Deine Überlegungen sind also nicht bei Einzelnen angesiedelt, sondern auf der Ebene von Musterbildungen?

SJS So ist es. – Aber lass mich noch eine Unterscheidung betonen: Als *unmoralisch* bezeichnen wir Handlungen i. w. S., die wir aus Gründen unserer eigenen moralischen Überzeugungen ablehnen, wobei dies wiederum implizit oder explizit erfolgen kann. Unmoralisch darf also nicht – wie gesagt – mit Moral-frei verwechselt werden.

WS Ich will zur Absicherung dieser Unterscheidung Beispiele hinzufügen. Ersteres wäre ein Moraldiskurs über Sterbehilfe.
   Das zweite Beispiel könnte meine Empörung sein, wenn mich jemand mit seinen moralisierenden Belehrungen ungefragt konfrontiert. Als dritte Gruppe fällt mir das Thema politische Korrektheit ein.

SJS Moraldiskurse sind immer dann sinnvoll und unvermeidlich, wenn Konflikte auftreten, oder wenn man aufgefordert wird, das eigene Handeln zu rechtfertigen. Die beiden anderen Praktiken sind inakzeptabel, wenn auch leider weit verbreitet.
   Bezüglich moralisierender Belehrung möchte ich wieder eine Unterscheidung einführen, und zwar die zwischen oberlehrerhafter Belehrung eines Anderen über *gut* und *böse,* und der Aufforderung bzw. Empfehlung, über die moralischen Beweggründe bzw. Orientierungen des eigenen Handelns nachzudenken und Auskunft zu geben.

Kompliziert wird die Argumentation beim Thema politische Korrektheit. Hier geht es darum, im Diskurs nicht gegen gesellschaftliche erwartete bzw. sogar vorgeschriebene Themen, Überzeugungen und Ausdrucksweisen zu verstoßen, also z. B. stets von Bürgern und Bürgerinnen zu sprechen oder Farbige nicht als Nigger zu titulieren, wobei die Frage bleibt, ob diese Korrektheit aus Überzeugung erfolgt oder rein strategisch.

WS Zunächst stimme ich zu. Konfliktträchtig wird es aber dann, wenn jemand die Aufforderung, das eigene Handeln zu rechtfertigen, nicht akzeptiert. Es gibt für das, was ich meine, die schöne deutsche Floskel: Ich bin keine Rechenschaft schuldig. Ich berufe mich auf Kontingenz, und dabei wäre es denkbar, ich will einfach keine Rechenschaft geben.

SJS Lass mich noch einmal zum Thema Typisierung zurückkommen. Da moralische Orientierungen nicht nur für eine Person gelten können, müssen sie – orientiert am Problemlösungsprogramm (=Kultur) einer gesellschaftlichen Gruppe bzw. einer Gesellschaft – für eine bestimmte Anzahl an Personen gelten, um überhaupt Bindungskräfte entfalten zu können und soziales Handeln zu ermöglichen. Wird für solche Orientierungen unbegrenzte Gültigkeit und A-Kontingenz reklamiert (wie in Ethiken), kann man von Universalisierung sprechen.

Es lassen sich in selbstorganisierenden Sozialsystemen drei verbindliche moralische Operationen unterscheiden:

- eine Begründungspflicht für das eigene Handeln (zumindest im Konfliktfall), diese Pflicht folgt aus der Pluralität möglicher Wirklichkeitskonstruktionen;
- Verantwortungsakzeptanz für die Folgen der eigenen Handlungen;
- ein Toleranzgebot, weil die Begründungen der Handlungen Anderer meinen Handlungsbegründungen gleichrangig sein können.

WS Begründungspflicht, Verantwortungsakzeptanz und Toleranzgebot teile ich. Wir sollten jetzt aber noch einmal über Kontingenz
sprechen.

Literatur

Mieth, D. (2004). *Kleine, Ethikschule*. Freiburg: Herder Spectrum.
Schmidt, S. J. (2017). *Geschichten und Diskurse 2017* (2. Aufl.). Berlin: LIT
    Verlag.
Schmidt, S. J., & Tropp, J. (Hrsg.). (2009). *Die Moral der Unternehmens-
    kommunikation. Lohnt es sich, gut zu sein?* Köln: Halem.
Staubach, M. L. (2007). *Relationiertes Expertentum*. Saarbrücken: VDM
    Verlag Dr. Müller.

Kontingenz und die Folgen

6

Zusammenfassung

Die Geschichte der Philosophie ist seit Aristoteles begleitet von der Einsicht in die Kontingenz unseres Handelns, also von der Einsicht, dass nicht sein muss, was ist. Einsicht in Kontingenz wird interpretiert als Risiko und Unsicherheit, aber auch als Freiheit zu Kreativität und als Verpflichtung zu Toleranz und Liberalität. Die vornehmste Aufgabe einer Gesellschaft besteht darin, in allen Bereichen Kompetenz im Umgang mit Kontingenzbewusstsein zu entwickeln.

SJS Wie bereits mehrfach ausgeführt, ist Kontingenz ein strukturelles intrinsisches Merkmal allen menschlichen Handelns, weil wir uns im Zusammenspiel von Setzungen und Voraussetzungen im Prinzip immer auch anders hätten entscheiden können. Kontingenz wird bestimmt als alles, was weder notwendig noch unmöglich ist. Sie erscheint einerseits als Risiko und Unsicherheit, andererseits als Freiheit zu Kreativität sowie als Verpflichtung zu Toleranz und Liberalität.

WS Wenn wir Menschen Handlungsfreiheit zugestehen wollen, erfordert dies also die Akzeptanz von Kontingenz?

© Springer Fachmedien Wiesbaden GmbH, ein Teil von Springer Nature 2019
S. J. Schmidt und W. Schwertl, *Business-Coach trifft Philosophen*,
https://doi.org/10.1007/978-3-658-22732-6_6

SJS Da Menschen aus psychologischen Gründen nicht in permanentem Kontingenzbewusstsein leben können, haben Gesellschaften und Kulturen dauerhafte und wirksame reflexive Hilfsmittel gegen Kontingenz entwickelt; so z. B. Sprachen, Schemata, Regeln, Konventionen, Kriterien, Traditionen, Evidenzen oder Indikatoren, die als gemeinsam geteiltes Wissen der Gesellschaftsmitglieder (sog. operative Fiktionen) Kontingenz unsichtbar machen, also invisibilisieren. Dadurch wird es möglich, mit kontingenten Kontingenzbearbeitungen (auf Zeit) zu leben, ohne schizophren zu werden.

Eine besondere Rolle in der Kontingenzproblematik spielen die *Medien* als spezielle Beobachtungsinstrumente, mit denen Aktanten und Gesellschaften sich selbst beobachten und dabei erfahren, dass alles auch anders sein, gemacht, empfunden und bewertet werden könnte/kann. Mit Hilfe von Medien erfahren wir Kontingenz als sinnvolle Vorläufigkeit, deren Endgültigkeit sich notwendiger Weise der Beobachtung zweiter Ordnung erschließt. Soll heißen: Medien machen uns zu Beobachtern, die beobachten, wie andere Beobachter beobachten; d. h., Medien machen uns zu Beobachtern zweiter Ordnung, die mit Kontingenzerfahrungen umgehen müssen.

WS Diese letzte Ausführung ist sehr anspruchsvoll.

SJS Das sind wir uns wert! Aber ich muss leider noch nachlegen zum Thema Kommunikation und Kontingenz; denn die Kontingenz unserer Sprachen ist der Grund dafür, dass wir nie über unsere jeweiligen Beschreibungen hinauskommen. Die Kontingenz unserer Kommunikationshandlungen macht eine Wechselhaftigkeit des Verpflichtens wie des Vertrauens zwingend erforderlich, soll Kommunikation zwischen kognitiv autonomen Aktanten gelingen. Das heißt, Kommunikanten müssen darauf vertrauen, dass ihre Partner sie nicht betrügen (wollen) und dass sie – wie man selbst – die Geltung kollektiven Wissens als Grundlage ihres kommunikativen Handelns akzeptieren.

WS Theoretisch stimme ich Dir vorbehaltlos zu, aber genau diese Erkenntnis lässt mich oft in tiefer Skepsis zurück. Ich beobachte, dass mein Misstrauen steigt. Obwohl mich dies beunruhigt, habe ich den Eindruck, dass mein Vertrauen sinkt.

Ich bin z. B. schon lange nicht mehr bereit, Marketingstäben großer Organisationen oder Politikern und ihren Verlautbarungen zu vertrauen.

SJS Die Universalität von Kontingenz ist der Grund dafür, dass das, was wir *Bewusstsein, Selbst* und *Ich* nennen, seinen Grund in den Kontingenzen unserer Erziehung/Sozialisation hat. Wie S. Freud betont, ist Rationalität der Mechanismus, der Kontingenzen erfolgreich an andere Kontingenzen anpasst.

Kontingenzbewusstsein als Resultat von Beobachtungen 2. Ordnung ist zu einem Eigenwert moderner Gesellschaften geworden, wobei die Medien – wie gesagt – eine bedeutsame Rolle gespielt haben und spielen. Kontingenzkompetenz gehört in der Moderne zu den grundlegenden Fähigkeiten *reifer* Persönlichkeit, die vor einem Rückfall in Fundamentalismen welcher Art auch immer schützen.

WS Kontingenzkompetenz hätte uns wohl mindestens teilweise vor den Katastrophen – auch moralischen Katastrophen – des letzten Jahrhunderts beschützt. Im persönlichen Gespräch langweilt es mich, wenn es um die eine gültige Wahrheit geht.

SJS Aber, wie F. Nietzsche gesagt hat, nur Dichter wissen Kontingenz wirklich zu schätzen. Und R. Rortys Überzeugung, Freiheit lasse sich bestimmen als Erkenntnis der Kontingenz, scheint in der Praxis zwischen NSA, IS, Internet und weltweiten sozialen Konflikten kaum wirksam zu werden.

WS Von Freud und Nietzsche, dies ist eine Steilvorlage, willst Du es genauer ausführen?

SJS Das würde aber ein sehr langer Exkurs, die Leser müssen doch auch ihr Wissen einbringen!

Systemisch 7

Zusammenfassung

Die Autoren verstehen die modisch gewordene Bezeichnung *systemisch* nicht als Interventionstechnologie, sondern als argumentativ abgesicherte Einstellung zu folgenden Themenbereichen:

- Umgang mit Kontingenz
- Einstellung zur Beobachterrelativität unseres Handelns und Kommunizierens
- Einschätzung und Praktizierung konsensueller Wahrheitsbildung
- Behandlung von Kommunikation als soziales System
- Ernst nehmen Kognitiver Autonomie und ihre Konsequenzen

Ein Business-Coach, der Kontingenz als Grundverfassung individuellen wie sozialen Lebens anerkennt, wird – um eine Metapher von WS zu benutzen – eher Hofnarr als Reparaturingenieur sein wollen.

© Springer Fachmedien Wiesbaden GmbH, ein Teil von Springer Nature 2019
S. J. Schmidt und W. Schwertl, *Business-Coach trifft Philosophen*,
https://doi.org/10.1007/978-3-658-22732-6_7

WS Wenn ich Kollegen zuhöre oder entsprechende Publikationen lese, wird das Wort *systemisch* als Beschreibung für ein Set an Interventionstechniken verwendet. Lassen wir den Umstand unbeachtet, dass große Beliebigkeit herrscht, welche Techniken dazu gehören oder nicht. Ich würde gerne mit Dir den Versuch unternehmen, eine verständliche, für den Praktiker brauchbare, aber auch für Theoretiker akzeptable Antwort zu finden.

SJS Wie soll ich das jetzt auf den kürzesten Nenner bringen? Man muss eine bestimmte theoretische Vorstellung vom Kunden und vom Unternehmen haben. Und da macht es eben einen großen Unterschied, ob ich Unternehmen als selbstorganisierendes soziales System betrachte oder als eine hierarchisch organisierte Organisation. Das wären hier zwei völlig unterschiedliche Beratungsperspektiven, je nachdem, welche Konzeptionen man zugrunde legt. Wie sieht es denn da im Berufsstand der Coaches aus? Welche Auffassung dominiert?

WS Die Frage ist nicht ganz einfach zu beantworten. Die meisten Umfragen oder Untersuchungen deuten auf eine systemische Orientierung als Selbstbeschreibung der Berater hin. Diese Kollegen bezeichnen sich als Systemiker. Ich für meine Person sage, ich bin kein Systemiker – ich bin ein Mann. Ich weiß, das Zitat habe ich von Heinz von Foerster ausgeliehen. Systemisch, was immer darunter zu verstehen ist, meint sehr oft ein Methodenkonglomerat und nicht eine paradigmatische Vorstellung. Systemisch ist modisch, ist en vogue und ist auch ein Verkaufsargument. Für mich ist es etwas Anderes, es ist der Versuch und ich betone, der Versuch, meine Arbeit auf ein Paradigma auszurichten, dass mehr oder weniger aus Theorien selbstreferenzieller Systeme besteht. Es ist eine paradigmatische Vorstellung, aber auch eine Haltung, Kontingenz und damit Unsicherheit zu akzeptieren, ein Teil der beobachteten Welt und nicht ein Weltbeobachter zu sein. Diese Einsicht hat mich verändert. Dein Freund und Kollege Josef Mitterer spricht von Wahrheitsterrorismus. Gegen diesen zu sein, drückt für mich in kürzester Form diese Haltung aus.

SJS Wenn man strikt systemtheoretisch oder systemorientiert denkt, hat das m. E. enorme Konsequenzen für alle zentralen Bereiche, die für Coaching eine Rolle spielen. Also z. B: Wie versteht man Kommunikation? Wie versteht man Entscheidung? Wie versteht man Beobachtungsprozesse in Unternehmen? Ich habe keine große Erfahrung mit Beratung, nur einige wenige Beratungsprozesse habe ich selbst durchgeführt. Die Erfahrungen, die ich dabei gemacht habe, waren immer dieselben: In jedem Unternehmen gibt es ganz bestimmte Praxen von Beobachtung, Kommunikation, Entscheidung. Aber es gibt relativ wenige Reflexionen darüber, was man da tut, wie man es tut und welche Konsequenzen es hat.

WS Es gibt sicherlich große Varianzen zwischen den Unternehmen, aber auch innerhalb der einzelnen Unternehmen. Ich kann mich an eine Zeit innerhalb eines Automobil-Konzerns erinnern, in der es viel Zeit, die Bereitschaft und auch die nötigen Formate für Reflexionen gab. Sebastian Schuh, den Du auch kennst, stand mit Anderen dafür. Natürlich ist Reflexion mehr oder weniger auch der beruflichen Bildung geschuldet. Es gibt Studiengänge, in denen ernsthafte Reflexionen nicht oder nur selten vorkommen. Wer sich hingegen mit Sozialwissenschaften beschäftigt, wird früher oder später mit systemorientierten Reflexionen konfrontiert und kann dabei viel lernen. Oft finden sehr ernsthafte Diskurse in kleinen diskreten Zirkeln statt. Ich habe es einmal so formuliert: Wenn man in die Situation kommt, im Top-Management in einer Runde zu sitzen, in der es erlaubt ist, seine Schuhe auszuziehen, hört man durchaus sehr reflektierte Sätze. Ich staune immer wieder, mit welchem Tiefgang ich Managern begegne – und natürlich erlebe ich auch das Gegenteil.

Immer dann wenn es gelingt, ritualisierte und standardisierte Interaktionsabläufe Interaktionen zu durchbrechen, wird deutlich, wie sehr Führungskräfte von jenen Annahmen dominiert werden, die nicht überprüft werden.

Ich will einen Entwurf wagen und skizzieren, was *systemisch* für mich bedeutet.

- Es ist eine Haltung im Sinne, wie schaue ich auf die Welt, und dies greift auch in persönliche Aspekte ein.
- Systemisch bedeutet Kontingenz, d. h. den Grundsatz, es könnte auch anders sein, zu akzeptieren.
- Beobachterrelativität ist zu berücksichtigen; denn bis dato ist der Satz nicht widerlegt, dass alles was gesagt wird, von einem Beobachter zu einem Beobachter gesagt wird.
- Aus pragmatischen Gründen unterstelle ich konsensuelle Wahrheitsbildungen.
- Soziale Systeme, d. h. Kommunikation, ist für meine Praxis der relevante Systemtypus.
- Unter Berufung auf kognitive Autonomie sind instruktive Interventionen problematisch bzw. inakzeptabel.

SJS Wenn diese Punkte argumentativ abgesichert sind, würde ich zustimmen. Aber ich habe noch eine letzte praktische Frage. Welche Entwicklungsschritte für die Zukunft aber auch welche Fehlentwicklungen siehst Du?

WS Produktive Entwicklungsschritte sehe ich immer dann, wenn Fragen der Praktiker einen Beitrag zur Theorieentwicklung leisten und theoretisches Wissen der Praxis hilft. Die Frage, welcher Typus an Systemtheorie hilft uns, kam aus der Praxis. Der kurze Beobachtungszeitraum lässt mich aber vorsichtig sein.

Beratungsleitungen werden sich in mindestens zwei Richtungen spalten. Der quantitativ kleinere Teil wird sich weiter in eine geistig hochwertige Dienstleistung im Sinne von Reflexionsformaten entwickeln. Der größere Teil, hierfür gibt es am Markt deutliche Zeichen, wird mehr den Charakter von Gebrauchsanweisungen

im Sinne von Tools aufweisen. In einem offenen Brief sprach ich einmal: *Von Hamburger verschlingen vs. großem Dinner.* Vielleicht wird es auch Coaching Anweisungen am Mobiltelefon geben. Von hoch potenten Logarithmen wirst du dann auf dem Weg eingenordet.

Was haben wir uns beigebracht?

8

Zusammenfassung

Wenn wir uns am Ende unserer Gespräche fragen, was wir
uns beigebracht haben, worauf wir uns gegenseitig aufmerksam gemacht, und was wir für eine akzeptable Business-
Coach Tätigkeit für wichtig halten, dann lassen sich folgende
Überlegungen anführen.

SJS & WS Wenn wir uns am Ende unserer Gespräche fragen,
was wir uns beigebracht haben, worauf wir uns gegenseitig aufmerksam gemacht und was wir für eine akzeptable Business-
Coach Tätigkeit für wichtig halten, dann lassen sich folgende
Überlegungen anführen:

- Business-Coaching sollte konzipiert werden als *Hilfe zur
  Selbsthilfe,* weder als Reparaturinstrument noch als Verfah-
  ren instruktiver Interventionen. Business-Coaching initiiert
  Prozesse, die zu Veränderungen führen können/sollen. Im
  Mittelpunkt steht dabei der Versuch, dem Kunden bewusst zu
  machen, welche Unternehmenskultur er in der Praxis als Problemlösungsprogramm verfolgt, welche Probleme sich daraus
  ergeben, und welche Lösungen er selbst bewusst anstreben
  will und realisieren kann. Dieser Prozess kann nur im Rahmen
  und mit den Mitteln intensiver Kommunikation ablaufen.

© Springer Fachmedien Wiesbaden GmbH, ein Teil von Springer   63
Nature 2019
S. J. Schmidt und W. Schwertl, *Business-Coach trifft Philosophen,*
https://doi.org/10.1007/978-3-658-22732-6_8

- Wegen der kognitiven Autonomie der Kommunikationspartner muss Kommunikation nicht als Informationstransport, sondern als soziales Geschehen konzipiert werden, in dem die Kommunikationspartner versuchen, sich gegenseitig im Sinne ihrer Kommunikationsabsichten zu orientieren. Dabei spielt gegenseitiges Vertrauen eine wichtige Rolle, um die Kontingenz aller Kommunikationsprozesse kompensieren zu können.

- In allen menschlichen Aktivitäten spielen Emotionen und moralische Orientierungen eine wichtige Rolle. Gefühle und Werte sind strukturelle Merkmale des Menschen, die für ihn die Intensität, die Bedeutsamkeit und die Wertigkeit seines Tuns und Lassens bestimmen. Business-Coaching sollte daher versuchen, die jeweilige Rolle von Emotionen und moralischen Orientierungen im Handeln des Kunden bewusst zu machen, um sie beurteilbar und veränderbar zu machen. Auch hier gilt also der Grundsatz, dass der Business-Coach den Kunden in den Stand setzen sollte, zu einem kompetenten Beobachter zu werden, der die Bedingungen seines Handelns und Kommunizierens zu beobachten, einzuschätzen und damit zu verändern lernt.

- Schon die bisherigen Überlegungen machen deutlich, dass ein Business-Coach als Grundlage seiner Praxis eine bewusst zugrunde gelegte Theorie benötigt. Diese Theorie sollte deshalb bewusst gewählt und angewandt werden, um über den Zustand unbewusster und unbeurteilter Anwendung von Voraussetzungen hinauszukommen und sich zum bewussten und verantwortungsbewussten Praktiker zu entwickeln. Dabei ist eine systemorientierte theoretische Grundlage empfehlenswert.

- Zur bewussten Praxis eines Business-Coaches gehört die Einsicht in die Kontingenz all unseres Tuns und Lassens. Wir hätten immer auch anders denken und handeln können, und das müssen wir auch allen anderen zugestehen. Kontingenz, die Einsicht in die Endgültigkeit der Vorläufigkeit, erscheint daher einerseits als Risiko und Unsicherheit, andererseits als Freiheit zu Kreativität sowie als Verpflichtung zu Toleranz und Liberalität.
  Ein Business-Coach, der Kontingenz als Grundverfassung individuellen wie sozialen Lebens anerkennt, wird – um eine Metapher von WS zu benutzen – eher Hofnarr als Reparaturingenieur sein wollen.

Glossar

Beobachtung 1. Ordnung Alle Aktivitäten, die wir als Alltagsroutinen der verschiedensten Art durchführen .Wenn wir solche Aktivitäten auf ihre Bedingungen, Voraussetzungen und Kontexte hin beobachten, prüfen und operieren wir als *Beobachter 2. Ordnung.*

Diskurse Geordnete Kommunikationszusammenhänge werden als Diskurse bezeichnet. Die Ordnung erfolgt durch thematische und formale Spezifika, die die Besonderheit des jeweiligen Diskurses bestimmen. Entsprechend unterscheidet man Alltagsdiskurse von wissenschaftlichen, rechtlichen oder politischen Diskursen, bei denen festgelegt ist, wer daran in welcher Form kompetent teilnehmen kann.

Dreiecksverträge Wenn Business-Coaching nicht durch den unmittelbaren Teilnehmer, sondern von Dritten (z. B. von Arbeitgebern) beauftragt wird, spricht man von Dreiecksverträgen (Schwertl 2016). Hinsichtlich der Verschwiegenheitspflicht bedarf dies sehr präziser Absprachen.

Erwartungs-Erwartung Da wir nicht in die Köpfe unserer Kommunikations – und Handlungspartner sehen können, müssen wir annehmen bzw. darauf vertrauen, dass sie über Wissen verfügen, das mit unserem Wissen kompatibel ist. Wir erwarten, dass sie erwarten, was wir als Grundlagen von

© Springer Fachmedien Wiesbaden GmbH, ein Teil von Springer Nature 2019
S. J. Schmidt und W. Schwertl, *Business-Coach trifft Philosophen,*
https://doi.org/10.1007/978-3-658-22732-6

gemeinsamen Handlungen und Kommunikationen vorausset-
zen. Erst diese reflexive Struktur ermöglicht soziales Handeln.

Ethik Ethik wird bestimmt als Reflexionstheorie der Moral
(N. Luhmann). Sie versucht, eine universal gültige Letztbe-
gründung von Normen und Werten zu finden. Dies bedeutet,
wir treffen moralische Entscheidungen *(gut/böse)*. Reflektie-
rende Diskurse über eine solche Entscheidung werden Ethik
genannt.

Geschichten Unter einer Sinnkategorie geordneter Zusammenhang von Handlungen eines Aktanten. Jeder Aktant lebt seine
und lebt in seiner Geschichte aus Geschichten, die seine
Lebenspraxis ausmachen.

Hofnarr Die Figur des Narren findet sich in fast allen Kulturen. *Hofnarr* ist eine ironische metaphorische Bezeichnung
für Business-Coaching. In dieser Bezeichnung liegt auch
milder Spott über höfisches Gebaren des Top Managements,
der politischen Kaste und bestimmten Erscheinungsformen
des Business – Coaching. Hofnarren sind am Hofe durchaus
als Ratgeber wohlgelitten; aber dem Hofstaat (Management,
Vorstand) gehören sie nicht an. Aus diesem Status ist es ihnen
möglich, Kritik zu üben.

Kommunikation Kommunikation kann als verbaler sowie als
non verbaler sozialer Prozess bestimmt werden. Eine expli-
zite Definition muss die konstitutiven Beziehungen zwischen
Kommunikation und Kognition, Kommunikation und Medien
sowie zwischen Kommunikation und Kultur klären (dazu
Schmidt 1994, 2003). Der Erfolg von Kommunikation basiert
auf gegenseitigem Vertrauensvorschuss der Kommunikationspartner.

Kontingenz Kontingent ist, was weder notwendig noch unmöglich ist (H. Blumenberg). Weil alles, was wir tun, in Gestalt
einer Setzung vollzogen wird, die auf Voraussetzungen
zurückgreift, ist all unser Tun kontingent. Wenn wir uns dessen bewusst sind, müssen wir aktives Kontingenzbewusstsein

und Fähigkeiten im Umgang mit Kontingenz, also Kontin-
genzkompetenz, entwickeln. Dabei helfen uns gesellschaft-
lich wirksame Ordnungsmuster, die Sprache und Kultur zur
Verfügung stellen. Mit ihrer Hilfe erzeugen wir universale
Kontingenz und erzeugen Selbstverständlichkeiten, die unser
Kontingenzbewusstsein entlasten.

Kontingenz wird ausschließlich Menschen – basierten
Prozessen, nicht aber Prozessen der Natur zugeschrieben.
Kontingenz darf weder mit Willkür, Ignoranz, oder Inkom-
petenz verwechselt werden. Dort, wo sie unterstellt wird,
bedeutet sie, vereinfacht formuliert: Es kann auch anders sein,
als wir erwarten.

Moral Moral bezeichnet die dynamische Ordnung für kollektiv
akzeptable, wertende Bezugnahmen auf Aktanten, Handlungen und Kommunikationen bzw. als Einheit der Unterscheidung von *Gut* und *Böse*. In dieser Unterscheidung ist immer
auch die Unterscheidung Achtung und Ächtung enthalten.

Operative Fiktion Obwohl wir nicht in den Kopf unserer Hand-
lungs- und Kommunikationspartner sehen können, nehmen
wir an, dass sie über vergleichbares Wissen, über ähnliche
Motivationen und Wertorientierungen wie wir selbst verfügen, weil wir uns nur so erfolgreiches gemeinsames Handeln
und Kommunizieren erklären können. Da diese Annahme
nicht durch direkte Beobachtung überprüft werden kann, hat
sie den Status einer Fiktion, die aber operativ erfolgreich
funktioniert.

Orientierungs-Orientierung Da kognitive Systeme autonom
sind und daher nicht direkt kausal gesteuert werden können,
können wir nur Orientierungsangebote machen in der Hoffnung, dass Handlungs- und Kommunikationspartner sie zur
Selbstorientierung nützen.

Persuasive Kommunikation Persuasive Kommunikation
(persuadere = überreden) zielt auf Beeinflussung und Über-
redung ab. Sie spielt daher in der PR und Werbesprache und
bei politischer Propaganda eine große Rolle. Sie tangiert auch

Formate wie Psychotherapie und Coaching. Durch einen entsprechenden Auftrag ist diese Beeinflussung im Gegensatz zu Propaganda wechselseitig abgestimmt.

Theorie – geleitete Praxis Referenzen und damit die Legitimation und Begründbarkeit des praktischen Handelns von Coaches beruhen auf überprüfbaren theoretischen Annahmen. Generelle Setzungen, Glaubensbekenntnisse, nicht überprüfbare Annahmen oder Verweigerung von Überprüfungen werden daher im Coachingprozess ausgeschlossen.

Vulgär-Konstruktivismus Varianten des Konstruktivistischen Diskurses, die nicht entscheidend über die Behauptung hinauskommen, alles sei konstruiert. Dabei bleiben in der Regel der Konstruktionsbegriff sowie die Bedingungen und Modi von Konstruktion ungeklärt (Schmidt und Schwertl 2010).

Literatur

Bateson, G. (1983). *Geist und Natur*. Frankfurt a. M.: Suhrkamp.

Fieseler, C., & Meckel, M. (2009). CSR 2.0: Dialogische Moral und die Moral des Dialogs. In S. J. Schmidt & J. Tropp (Hrsg.), *Die Moral der Unternehmenskommunikation. Lohnt es sich, gut zu sein* (S. 124–138). Köln: Halem.

Foerster, H. von, & M. Bröcker. (2002). *Teil der Welt. Fraktale einer Ethik – Ein Drama in drei Akten*. Heidelberg: Carl-Auer.

Glasersfeld, E. von (1987). Siegener Gespräche über Radikalen Konstruktivismus. Ernst von Glasersfeld im Gespräch mit NIKOL (1982, 1984). In S. J. Schmidt (Hrsg.), *Der Diskurs des Radikalen Konstruktivismus* (S. 401–440). Frankfurt a. M.: Suhrkamp.

Heisenberg, W. (1984). *Gesammelte Werke*. Heidelberg: Springer.

Hejl, P. M. (1995). Ethik, Konstruktivismus und gesellschaftliche Selbstregelung. In G. Rusch & S. J. Schmidt (Hrsg.), *Konstruktivismus und Ethik. DELFIN* (S. 28–121). Frankfurt a. M.: Suhrkamp.

Kleinfeld, A., & Henze, B. (2009). Taten sagen mehr als Worte – Wenn Anspruch und Wirklichkeit auseinanderklaffen. In: S. J. Schmidt & J. Tropp (Hrsg.), *Die Moral der Unternehmenskommunikation. Lohnt es sich, gut zu sein* (S. 155–169). Köln: Halem.

Luhmann, N. (2014). *Soziale Systeme, Grundriss einer allgemeinen Theorie*. Frankfurt: Suhrkamp.

Riedel, M. (1979). *Norm und Werturteil. Grundprobleme der Ethik*. Stuttgart: Reclam.

Schiepek, G. (1999). *Die Grundlagen der Systemischen Therapie*. Göttingen: Vandenhoeck & Ruprecht.

Schmidt, S. J. (1994). *Kognitive Autonomie und soziale Orientierung*. Frankfurt: Suhrkamp Taschenbuch Wissenschaft.

© Springer Fachmedien Wiesbaden GmbH, ein Teil von Springer Nature 2019
S. J. Schmidt und W. Schwertl, *Business-Coach trifft Philosophen*,
https://doi.org/10.1007/978-3-658-22732-6

Schmidt, S. J. (1986). Wertaspekte einer Anwendungsorientierten Empiri-
   schen Literaturwissenschaft. In Arbeitsgruppe NIKOL (Hrsg.), *Ange-
   wandte Literaturwissenschaft* (S. 264–301). Braunschweig-Wiesbaden:
   Vieweg+ Teubner.
Schmidt, S. J. (2003). *Geschichten & Diskurse. Abschied vom Konstruktivis-
   mus*. Reinbek bei Hamburg: Rowohlt.
Schmidt, S. J., & Schwertl, W. (2010). Über die Kunst des Beobachtungs-
   managements. *Coaching Magazin, 1,* 52 ff.
Schwertl, W. (2016). *Kommunikative Kompetenz im Business-Coaching*.
   Wiesbaden: Springer.

Printed in the United States
By Bookmasters